WESTEND

NORBERT BLÜM

AUF-SCHREI!

Wider die erbarmungslose Geldgesellschaft

WESTEND

Mehr über unsere Autoren und Bücher:
www.westendverlag.de

Die Deutsche Nationalbibliothek verzeichnet diese Publikation in
der Deutschen Nationalbibliografie; detaillierte bibliografische Daten
sind im Internet über http://dnb.d-nb.de abrufbar.

ISBN: 978-3-86489-132-8
© Westend Verlag GmbH, Frankfurt/Main 2016
Umschlaggestaltung: pleasant_net, Büro für strategische Beeinflussung
Umschlagfoto: picture-alliance/dpa/dpaweb
Satz: Publikations Atelier, Dreieich
Druck und Bindung: CPI – Clausen & Bosse, Leck
Printed in Germany

Für Angela Merkel

Inhalt

Kapitel 1
Aylan – das tote Kind

Da liegt der kleine Aylan, als würde er auf dem Sand des Meeresstrandes friedlich schlafen. Er »schläft« auf dem Bauch, der Kopf ist dem Meer zugedreht. Die Arme liegen ausgestreckt am Körper. Nur drei Jahre alt ist er geworden.

Aylan trägt neue Schuhe, ein rotes Shirt, seine Haare sind wie frisch gekämmt.

Aylan schläft nicht.

Aylan ist ertrunken, auf der Flucht vor Bomben, Elend und Gewalt. Geflohen aus Syrien, in der Hoffnung auf ein besseres Leben mit Mama, Papa und Bruder bei der Tante im fernen Kanada.

Auf seiner Flucht hatte er bereits unzählige Etappen hinter sich. Am Abend zuvor ging es um 23 Uhr von der türkischen Küste los. Zehn Minuten sollte die Bootsfahrt zur nächsten Insel dauern. Das Meer war rau, die Wellen schlugen hoch.

Das Schlauchboot kenterte.

Dem Vater entglitt die Hand des ertrinkenden Kindes. Die Mutter schrie.

Wem das Bild vom »schlafenden« Aylan nicht das Herz zerreißt, der hat keines.

Kühltransporter mit Leichen

Noch andere Bilder des Schreckens haben sich in die Erinnerung eingebrannt.

Ein Volvo-Kühltransporter auf einer Haltebucht an der A 4, Budapest–Wien. Er hat kein Frischfleisch geladen, sondern 71 Leichen, darunter vier Kinder, drei Buben, ein Mädchen. Alle sind auf der Fahrt erstickt. Die Schlepper haben ihr Geschäft gemacht. Die Menschen sind tot.

Das alles ist erst die Vorhut des Ansturms. Die Armee des Elends wird nachrücken.

Wer jetzt nicht von Abscheu erfasst wird und vom Schrecken vor dem giftigen Gemisch aus Gewalt, Geld und Geschäft, besitzt keine Seele und keinen Verstand. Er ist ein Eisblock, selbst wenn er sich in der Sonne der öffentlichen Aufmerksamkeit wärmt.

Die Welt ist aus den Fugen geraten. Elend und Geschäft gehen eine unheilvolle Allianz ein.

Bilder, die die Welt bedeuten

Bilder fördern den Zustand der Welt auf »Anhieb« zutage. Sie kommen oft genug ohne weitere Erklärungen aus.

Die Bilder, die uns erschüttern, sprechen eine Sprache, zu deren Verständnis kein Dolmetscher gebraucht wird. Sie versperren rhetorische Ausflüchte. Sie prägen sich hartnäckig ein. Sie brennen sich ins Gedächtnis ein und verdichten unsere Erkenntnis, weil sie die Wahrheit sichtbar machen. Es fällt uns wie Schuppen von den Augen. Schreckensbilder verschwinden nicht im Kopf, wenn wir die Augen schließen. Sie leuchten auch in der Dunkelheit. Ob hell oder dunkel: Sie bleiben »sichtbar«.

Nicht zum ersten Male signalisieren Bilder den Umbruch oder sogar das Ende einer Epoche.

Das Bild von dem nackten Mädchen Kim Phuc, das der brennenden Napalmwolke schreiend entkommt, setzte einst, es war im Jahr 1972, das Zeichen zur Beendigung des Vietnamkrieges. Das Bild wurde zum Symbol vom Finale des Kolonialismus in Indochina.

Über die augenblickliche Bedeutung des Bildes geht hinaus, was uns das Bild »beherzigen« lässt. Kim Phuc ist nicht das Opfer einer Naturkatastrophe. Ihr »Schicksal« war auch nicht gottgegeben, sondern war »menschengemacht«.

Auch das Unglück Aylans ist kein Fatum, das vom Himmel fiel, sondern ein Faktum, das sich auf Erden vollzog.

Wir, die Menschen, sind die Macher der Not und des Elends auf der Welt.

Moral des Herzens

Es muss einen Aufschrei geben, der von der Empathie der Herzen ausgelöst wird, und die stellt bisweilen klügere Fragen als der kühl kalkulierende professionelle Sachverstand. Das Herz hat seine eigenen Gründe. Es lässt sich nicht mir nichts, dir nichts vom Gefasel der Ausreden beruhigen. Das Herz ist taub für Klugscheißerei.

Kapitel 2
Waffenhandel – ein Bombengeschäft

Das »Herz« liefert keine Exposés und fasst keine Resümees zusammen. Es stößt sich an einfachen Ungereimtheiten.

Wer liefert eigentlich die Waffen, mit denen beispielsweise der »Islamische Staat« tollwütig durchs Land rast, Menschen erschießt, Köpfe abschlägt?

Eine apokalyptische Furie wütet im Nahen Osten. Sie ist gepanzert und mit Kanonen ausgerüstet.

Irgendwoher beziehen die Mörderbanden des »Islamischen Staates« ihren Nachschub, sonst wäre ihnen die Munition doch schon längst ausgegangen.

Wer verdient eigentlich an der globalen waffenstrotzenden Lynchjustiz?

Das Perpetuum mobile der Grausamkeit

Wir haben es mit einem neuen Perpetuum mobile zu tun. Der »Islamische Staat« liefert aus den von ihm beherrschten Gebieten des Irak Öl an die Syrer, mit dem damit verdienten Geld kauft die Terrororganisation Waffen, mit denen sie auf die syrischen Panzer schießt, die mit dem Treibstoff fahren, den ihre Gegner geliefert und den sie bezahlt haben. Das Geschäft läuft also im Kreisverkehr.

Die Beschossenen bezahlen die Geschosse, mit denen sie beschossen werden – und je mehr sie bezahlen, umso mehr werden sie beschossen.

Grausamkeit ist ein »Bombengeschäft« für die industriellen Waffenlieferanten. Bomben und Panzer und Kanonen werden jedoch nicht in Kuhställen oder auf dem Acker armer Länder produziert, sondern entwickelt in den Top-Ingenieurbüros der Hightech-Gesellschaften und hergestellt in den Werkhallen der Spitzenfirmen. Sie sind Produkte hochentwickelter Industrieländer.

Kasse machen die besser verdienenden Produzenten und ihre gut geschmierten Händler. Dafür springen sie über alle Schatten und verlieren jede Hemmung. Sie verkaufen, wenn's Geld bringt, auch die eigene Großmutter. Hauptsache Profit. Der »Islamische Staat« bietet das Öl preisgünstig an, jedenfalls billiger als die Konkurrenz. Da gibt's kein Halten. Ran ans billige Öl, selbst wenn es der Teufel liefern würde und selbst wenn wir unser Geld am eigenen Untergang verdienen. Die Türkei gewährt den Öllastern freie Fahrt. Die Geldgier lässt sich durch Moral doch kein Geschäft verderben.

Die Speziallieferanten im Waffengeschäft sind Globalplayer der Spitzenklasse. Gewinn ist alles. Wir »gewinnen« uns zu Tode.

»Es sind eure Waffen, vor denen wir fliehen«, sagt ein Flüchtling, der in Malta angekommen ist (*Die Zeit*, 17. September 2015).

Blindekuh – ein Kinderspiel

Mit Sicherheit haben die etablierten Waffenproduzenten aus Deutschland die Waffen den Mörderhänden nicht persönlich übergeben oder gar mit ihnen das Geschäft direkt abgerechnet. Zur Raffinesse der ramponierten Psyche gehört die Kunst der Verdrängung. Wir stellen uns dumm, oder unbewusste Kräfte aus den dunklen Zonen des Gemütes eilen dem bedrängten Gewissen zu Hilfe und stellen es außer Betrieb. Und so wissen die Waffenproduzenten gar nichts von den dunklen Geschäften, die mit ihren Waffen getrieben werden, weil sie es nicht wissen wollen und die staatlichen Geheimdienste mit dem gegenseitigen Ausspähen offenbar voll ausgelastet sind, also auch nichts wissen. So entsteht eine effektive Kooperation zwischen ungewollter und gewollter Dummheit.

Kleine Kinder amüsieren sich bei dem Spiel, das sie »Blindekuh« nennen. Mit dem Verbinden der Augen verschwindet die Welt, glauben die Kinder. Wir ignoranten Erwachsenen spielen auch Blindekuh. Wir trösten uns mit dem Spruch: »Was ich nicht weiß, macht mich nicht heiß.« Wir wollen gar nicht wissen, wer die Welt ins Chaos treibt.

Uns interessiert, welches Filmsternchen mit wem vorgestern das Bett geteilt hat, was die Geissens mit ihren Millionen treiben und von wem das Kind des Doku-Soap-Busenwunders Daniela Katzenberger ist. Das ist unsere Mordsgaudi. Die Mordgeschäfte gehen uns am »Arsch« vorbei.

So war es schon bei Pilatus: Er wusch sich die Hände in Unschuld und ließ geschehen, was der Pöbel wollte. »Geht mich nichts an«, war schon immer die Ausrede für die Feigheit der Heuchler. So bleiben wir ungerührt und unverletzt.

Unsere Weste ist weiß. Die Hände sind sauber gewaschen. Blutig sind allein die Leichen der mit unseren Waffen ermordeten Menschen.

Es gab schon einmal eine Generation in Deutschland, die hat »danach« von Auschwitz nichts gewusst, weil sie »davor« nichts davon wissen wollte.

Dabei sein ist alles

Deutschland schießt aus allen Rohren mit. Es kann passieren, dass unsere Tornados mit Raketen abgeschossen werden, die sich der »Islamische Staat« auf Umwegen von uns besorgt hat.

Das Gewehr G36 der Firma Heckler & Koch erfreut sich großer Beliebtheit in den Händen von Mörderbanden, für die wir anschließend, nach Geschäftsschluss, Ekel und Abscheu empfinden.

Die Kämpfer der libanesischen Hisbollah wie die des »Islamischen Staates« schießen und morden mit Waffen aus Deutschland. Und das nicht geheim, verdeckt oder »streng vertraulich«, sondern sie protzen damit offen in ihren Propagandafilmen, mit denen sie Kämpfer im Westen anwerben.

Wir sind auf beiden Seiten im Geschäft: bei den Lieferanten und bei den Abnehmern. Es ist wie beim Wettrennen zwischen Hase und Igel. Das Geld sitzt immer schon am Ende der Ackerfurche, bevor die Besorgnis ans Ziel kommt. Die Hilfe hinkt immer hinterher. Der Westen liefert auch das Verbandszeug für die Verletzten, die mit westlichen Waffen verletzt werden.

Nachhaltige Hilfe muss den Ursachen der Not den Garaus machen.

Der Hilfseinsatz auf der guten Seite kann unsere Mitwirkung als Waffenlieferant auf der schlechten Seite nicht wettmachen. So viele Mullbinden hat das Rote Kreuz nicht, wie die Waffen Wunden schießen.

Assads Chemiewaffen sind mit deutscher Hilfe entsorgt worden. Aber deutsche Firmen lieferten zuvor Zutaten zu ihrer Herstellung und noch davor die Anlagen, mit denen die Chemiewaffen hergestellt wurden. Bis 1984 geschah dies sogar ohne Beschränkung.

Der Nutzen der Entsorgung des Giftes, bei der wir später halfen, gleicht den Schaden der Besorgung des Giftes nicht aus. Der Brandstifter wird wegen der Teilnahme am Löscheinsatz nicht freigesprochen.

Die Dialektik des Bösen ist offenbar von zynischer Kreativität.

Ist der schlechte Mensch notwendig, damit der gute gut sein darf – oder sind beide nur die Masken ein und desselben Menschen? Brechts *Der gute Mensch von Sezuan* funktioniert nach dem Muster: »Gut kannst du nur sein, nachdem du schlecht warst.« Shui Ta und Shen Te ist die schizophrene Einheit einer Person, die zwischen Gut und Böse wechselt. Der Ausbeuter liefert das Geld, der Samariter hilft danach, und beide sind ein und dieselbe Person. »Gut sein zu anderen und zu mir konnte ich nicht zugleich«, klagt Shen Te.

Der Hehler und die Schmierensteher

Es reicht nicht im Waffenhandel, den korrekten Lieferschein zum Beweis »anständiger« Empfänger vorzuweisen und im Übrigen die Augen zu verschließen vor der Frage, wo die Waffen am Ende der Lieferkette landen. Die Panzer für Katar landen im Jemen, wo ein Stellvertreterkrieg zwischen muslimischen Konkurrenten stattfindet.

»Was ich nicht weiß, macht mich nicht heiß«, gilt auch hier nicht. Wir könnten es nämlich wissen, wenn wir wollten. Aber das florierende Waffengewerbe wird in einer Dunkelkammer abgewickelt, an deren Durchleuchtung offenbar niemand Interesse hat.

Europas Waffen sind heiß begehrte Munition in den Händen von Verbrechern.

Raketen vom Typ Milan sind das Erzeugnis einer deutsch-französischen Koproduktion. Wie diese sind auch Raketen vom Typ Hot im Einsatz der Mörderbanden. Sie stammen von dem deutsch-französischen Konsortium Euromissile. Ihre Herkunft ist auf Anwerbe-Videos des »Islamischen Staates« zu erkennen. Die Beschriftung »Lenkflugkörper DM 72 – 136 mm Panzerabwehr« auf den Raketen bestätigt deutsche Wertarbeit.

Aber Deutschland ist auch anderweitig beim Waffenhandel, dem Geschäft mit dem Tod, gut dabei.

Gerade lese ich: Heckler & Koch lieferte auch die hervorragenden Gewehre, mit denen im Oktober 2014 über vierzig mexikanische Studenten erschossen wurden, die der Drogenmafia das Geschäft verderben wollten.

Wie kamen die Waffen in die Hände der Drogenmafia? Über die mexikanische Polizei, die wir »nichtsahnend« belieferten. Die staatliche Polizei organisierte den Zwischenhandel für die Drogenmafia, welche sie angeblich bekämpfte. Sind wir so dumm oder verblödet Geldgier das Gehirn, sodass wir von cleveren Waffenhändlern hinters Licht geführt werden?

Der Geldhahn entscheidet, ob Geld fließt

Dabei könnten wir den Waffenhändlern das Geschäft mit einfachen Mitteln zerstören! Und zwar mit der gleichen Raffinesse, mit der sie selber arbeiten. Der Geldhahn, durch den Geld fließt, wird von Menschen bedient. Und wenn die Geheimdienste einen Teil ihres Eifers, mit dem sie einfache Bürger ausspähen, den Blutspuren des Waffenhandels widmen und wir den Geldhahn zudrehen würden, hätte der grausame Spuk bald ein Ende.

Mondlandung und Menschenrecht

Wir sind fähig, Menschen zum Mond zu transportieren, aber offenbar nicht imstande, barbarischen Banden, die sich mit der Maske eines Staates tarnen, ein Ende zu bereiten.

Wieso kann der Waffenhandel nicht unterdrückt werden? Die Menschheit hat es auch geschafft, die Sklaverei zu verbieten, obwohl sie als gottgegeben betrachtet worden und sogar behauptet worden war, ohne Sklaven würden Wirtschaft und Staat zusammenbrechen.

Der Rückschritt des Fortschritts

Zweihundert Jahre nach der Aufklärung, welche die Vernunft zur Göttin erhob, treibt ein wildgewordener Teufel des irrationalen Fanatismus die Welt ins Chaos. Fanatismus ist immer irrational. Er steht immer im Krieg mit der Vernunft.

Vernunft bietet mehr als Wissen. Vernunft ist sortiertes Wissen, nämlich nach Maßstäben geordnetes Wissen. Es gibt wichtiges Wissen und weniger wichtiges Wissen, und es gibt unsinniges Wissen. In der Wissensgesellschaft wachsen offenbar auch die Wissensmüllberge.

Wie Wissen geordnet werden kann, weiß das Wissen nicht. Kein Computer kann ohne Programmierung gut von böse unterscheiden. Vernunft ist also vom »guten Willen« geleiteter Verstand.

Wir können Weltuntergang

Was hilft alle Gescheitheit, wenn das Wissen schlechten Zwecken dient? Der Erfinder der Wasserstoffbombe, Edward Teller, war intelligent. Er wusste viel. Gescheit, wie er war, gelang ihm die Entwicklung der furchtbarsten aller Massenvernichtungswaffen: der Wasserstoffbombe. Seine Maxime war: Was der Mensch kann, muss er auch machen. Das war früher schon falsch, führt aber unter Bedingungen hemmungsloser Machbarkeit zum Ende der Welt. Seit mehr als sechzig Jahren können wir nun auch Weltuntergang.

Erst im Bündnis mit dem guten Willen ist der Verstand »vernünftig«. Die Lösung der meisten Probleme scheitert nicht an einem Defizit von Wissen, sondern an einem Mangel an Moral.

Was nützt uns Menschen das Verständnis der anspruchsvollen Einstein'schen Relativitätstheorie, mit deren Hilfe wir den Kosmos zu verstehen versuchen, wenn wir auf Erden nicht den einfachsten Gesetzen der Menschlichkeit Geltung verschaffen können?

Gibt es kein Mittel gegen globalen Mord und Totschlag?

Gibt es keinen Damm gegen religiösen Fanatismus?

Ich halte mich an fünf einfache Fantasien, die selbst meiner Oma eingeleuchtet hätten.

1. Stell dir vor, Europa ist sich einig, gemeinsam das Elend der Welt zu bekämpfen.
2. Stell dir vor, jeder auf der Welt hat Arbeit, von der er leben kann.
3. Stell dir vor, es gibt Korruption und keiner besticht.
4. Stell dir vor, es gibt Krieg und keiner liefert Waffen.
5. Stell dir vor, islamische Autoritäten sprechen eine Fatwa gegen die »Kopfabschläger« des »Islamischen Staates« aus.

Die fünf Vorstellungen, aus denen sich weitreichende Konsequenzen ergeben, sind noch kein Weltprogamm zur Vermeidung aller denkbaren Übel. Und gewiss erfüllen sie auch nicht die Bedingungen intellektueller Brillanz. Sie sind keine Utopie, die sich gelehrte Köpfe ausgedacht haben, sondern entspringen den »Einfällen« des gesunden Menschenverstands.

Sie sind eine einfache Handreichung für den Frieden. Stell dir vor, wie sich die Welt verändern würde, wenn …

Kapitel 3
Die Heucheleien der Mächtigen

Was treiben eigentlich die im Geld schwimmenden arabischen Scheichs für ein Spiel? Sie lassen ihre muslimischen Schwestern und Brüder von muslimischen Banden abschlachten und sitzen in ihren Palästen am Bildschirm, um sich das Gemetzel anzuschauen.

Sie sehen zu, wie ihre Glaubensgenossen in den Fluten des Mittelmeers ertrinken oder auf dem Weg nach Europa zugrunde gehen und tun so, als hätten sie mit all dem nichts zu schaffen. Ihr Geld ist ihnen offenbar wichtiger als der Koran. Keinen Spalt öffnen sie ihre eigene Tür für die Flüchtlinge.

Katar wartet auf die Gäste zur Fußballweltmeisterschaft, Saudi-Arabien auf die Tanker, die das Öl abholen, während vorgeblich im Namen des Islams entsetzliche Blutbäder angerichtet werden.

Saudi-Arabien lässt in Syrien einen Stellvertreterkrieg führen. Die Saudis streiten mit dem Iran, wer die Hegemonialmacht des Islams im Nahen Osten ist. Schließlich geht es auch darum, wer die Vormacht bildet: Sunniten oder Schiiten.

Das Nato-Mitglied Türkei bombardiert kurdische Soldaten, welche die Nato zuvor und danach mit Waffen beliefert. Auf beiden Seiten sind Nato-Waffen im Spiel. Bei den Treffenden und bei den Getroffenen.

Fußball in der Wüste

Auf den Bauplätzen im Wüstensand von Katar werden Menschen geschunden. Sie bauen die Stadien für die Fußball-Weltmeisterschaft, nach deren Beendigung diese leer stehen werden und deshalb wieder abgebaut werden müssen. Ich war dort. In glühender Hitze für einen Hungerlohn schuften die Arbeitssklaven aus Nepal, den Philippinen, Bangladesch etc. Sie können nicht abhauen. Man hat ihnen die Pässe bei der Einreise abgenommen.

In den Behausungen stehen z.B. für hundert Arbeiter drei Kochstellen und drei »Scheißhäuser«, die gleichzeitig Waschräume sind, zur Verfügung. Es lässt sich leicht ausrechnen, wann der letzte der Arbeiter, die nach Feierabend hungrig und schwitzend aus der Wüstensonne zurückgekehrt sind, sich den Schweiß vom Leib waschen und sich das Essen kochen kann.

Franz Beckenbauer behauptet, er habe in Katar keine Sklaven gesehen. Recht hat er. In den First-Class-Hotels sind die Bauarbeiter nicht zu sehen. Ich habe sie selber auf den Baustellen ge- und besucht – verbotenerweise –, und ich habe sie mit eigenen Augen gesehen. Den Sklaven des Pharao beim Pyramidenbau erging es wahrscheinlich besser.

Mit dem Geld, das in Katar »angeschwemmt« wird, wissen seine Besitzer offenbar nichts Sinnvolles anzufangen. Sie haben sich Sport-Events als Hobby ausgedacht. Fußball- und Leichtathletik-Weltmeisterschaften sind im Plan. Reittrainer aus deutschen Reitvereinen bereisten auf Einladung der Scheichs das Land. Mit Luxuslimousinen wurden sie kutschiert. So verschafft man sich den Zuschlag zu den Weltreiterspielen. Bestechung gehört offenbar zum Weltsport. So machen sie gut Wetter für das nächste Sportgroßereignis in

Katar. Übrigens gehören Pferde zu den weltlichen Heiligtümern der Scheichs. In ihrem Reitstall stehen die besten und welches noch nicht dort steht, wird eingekauft. Das beste Futter wird täglich, täglich!, aus USA eingeflogen und ihre kostbaren Pferdeäpfel dürfen nur auf australisches Stroh fallen.

Die Handball-Weltmeisterschaft fand bereits in drei im Wüstensand errichteten Hallen statt. Katar drang mit einer in aller Welt zusammengekauften Nationalmannschaft sogar bis ins Endspiel vor. Die Hallen, in der die Spiele stattfanden, sind Gebäude, an denen die Spitzenarchitekten der Welt ihre Kreativität austobten. Geld spielte keine Rolle.

Ich habe die größte Halle als »Akustik-Ingenieur« einer deutschen Firma ein paar Monate später inspiziert. Hier hätten über 15 000 Zuschauer Platz finden können, die aber nie zusammenkamen. Die Halle begann bereits vom Wind des Wüstensandes mumifiziert zu werden. Die deutsche Botschafterin jedoch taumelte noch immer vor Begeisterung über das Erlebnis dieser Handball-Events in der Wüste.

Ich nehme an, in ein paar Jahren lässt die Spitzenhalle der Spitzenarchitekten sich als Tränke für Kamel-Karawanen nutzen.

Ich warte nur noch darauf, dass der Internationale Skizirkus, gesponsert von den Ölscheichs, den Weltcup des Abfahrtslaufs in den Dünen der Wüste organisiert und Skiflieger von mit Kunstschnee bestäubten Schanzen in den Wüstensand springen.

Für Geld machen die Sportfunktionäre alles!

Die Heuchler aus der Wüste

Die Emire kaufen wie die russischen Oligarchen den Weltfußball auf. Paris Saint Germain gehört Kataren. Mit 481 Millionen Umsatz ist der Verein einer der reichsten Vereine der Welt, Ibrahimovic, der Star, soll ein Monatssalär von 1,5 Millionen Euro erhalten. Der Emir ist nicht kleinlich.

Der Doppelmoral wird auch im Nahen Osten nach Kräften gehuldigt. 120 Moscheen wollen die Saudis für die in Deutschland gestrandeten muslimischen Flüchtlinge bauen. Wie wäre es, wenn sie stattdessen den hilfesuchenden Glaubensgenossen im eigenen Land Zuflucht böten? Dort ist viel Platz, und Geld haben sie mehr als genug. Muss man den Saudis nicht offen ins Gesicht sagen, dass sie Pharisäer sind?

Den Heuchlern der Welt, wo immer sie auftreten, muss der Spiegel vorgehalten werden. Das kann abschreckend wirken. Lügen verderben die Gesichtszüge. Eitel, wie Heuchler nun mal sind, zeigen sie nicht gern ihr hässliches Gesicht.

Das Königreich Saudi-Arabien hat es im grausamen und brutalen Strafvollzug zur wahren Meisterschaft gebracht. Im Köpfen, Auspeitschen, Handabhacken, Steinigen und in anderen archaischen Methoden sind sie so geübt wie ihre Verwandten aus dem Islamischen Staat. Folter gehört zum Tagesgeschäft. Kreuzamputationen für Diebstahl bestehen aus dem Abhacken der linken Hand und des rechten Fußes. 47 Hinrichtungen auf einen Streich sind nicht ungewöhnlich. Konvertiten, die vom Islam zum Christentum übertreten, riskieren ihr Leben.

Mit diesem Regime kämpfen wir im Namen der Zivilisation gegen die Zivilisationsfeinde vom Islamischen Staat!

Dass man den Teufel nicht mit dem Beelzebub austreiben soll, steht jedoch schon in der Bibel.

Die politischen Erbsünden

Der Westen ist nicht unschuldig am Zustand des Nahen Ostens. Es rächen sich im arabischen Raum die Sünden, welche die Kolonialmächte nach dem Ersten Weltkrieg begingen. Die Türkei kämpfte an der Seite Deutschlands. Großbritannien versprach den unterdrückten Völkern des Osmanischen Reiches Befreiung und Selbständigkeit als Gegenleistung für ihren Aufstand und Kampf gegen das Kalifat, das seinen Sitz in Konstantinopel hatte.

Die Sieger zerteilen das Osmanische Reich mit der Akkuratesse eines Konstrukteurs am Reisbrett. Sie zogen die Grenzen mit dem Lineal, ohne Rücksicht auf Religionen, Traditionen und geografische Gegebenheiten. Sie stülpten Stammesgesellschaften die Usancen eines Pseudo-Nationalstaates über und verlangten von umherziehenden Nomaden Passkontrollen, wenn sie Grenzen überquerten, von denen diese nicht wussten, dass es sie nun gab. Die Arroganz der Sieger ist immer ein Kind ihrer Ignoranz. Sie glaubten, sich alles leisten zu können.

Zu sein wie Gott ist die Erbsünde der Sieger. Noch nicht hundert Jahre später erweist sich diese Sünde als Teufelswerk.

In einem Propagandavideo des »Islamischen Staates« ist zu besichtigen, wie die einst von den Kolonialmächten gezogene Grenze zwischen Irak und Syrien mit dem Bulldozer eingeebnet wird, dabei ist die Erfolgsmeldung eines IS-Kämpfers zu hören: »Wir zerstören die Grenzen und durchbrechen Barrieren. Dank sei Allah.« So stellt sich mit einer Zeitverspätung von fast hundert Jahren die Symmetrie der Grausamkeit zwischen der Willkür der Grenzbefestigung und der Anarchie der Grenzbeseitigung her.

Hier wie da, damals wie heute bezahlten und bezahlen das Millionen von Menschen mit Vertreibung, Elend und Tod.

Der Nahe Osten

Der Nahe Osten umfasst ein Viereck von rund 1 600 Kilometer zwischen Ost und West und 3 200 Kilometer von Nord nach Süd. In ihm liegen die Geburtsstätten der drei großen monotheistischen Religionen – Judentum, Christentum und Islam.

Das Gebiet bietet die großen Reichtumsquellen Öl und Gas sowie fruchtbares Land zwischen Euphrat und Tigris (und mit der Rub al-Khali im Grenzbereich von Saudi-Arabien, dem Jemen und Oman die größte zusammenhängende Sandwüste der Welt).

Der Nahe Osten ist ein Reich geheimnisvoller Geschichten, Abhängigkeiten, Freundschaften – und die Geburtsstätte alter Hochkulturen. Dort beherrschte man schon die Schrift, als die Germanen noch in finsteren Wäldern hausten.

Und diese alte Kulturlandschaft voller historischer Bedeutung teilten nach dem Verfall des Osmanischen Reiches die Mächtigen von Frankreich und von Großbritannien unter sich auf. Mit der Überheblichkeit vermeintlicher Sieger zog ein britischer Diplomat von Haifa ausgehend einen dicken Strich quer über die Landkarte.

Nördlich der Filzstift-Linie sollte die französische Vorherrschaft gelten, südlich die britische.

Doch die Haut der Menschen ist nicht so unempfindlich wie das Papier einer Landkarte. Seit jener Willkür-Grenzlinie ist der Nahe Osten ein Herd der Unruhe und nun gerade dabei, sich zu einem Hexenkessel zu verwandeln.

Fleisch vom eigenen Fleisch

Im Zentrum der neuen Verwicklungen steht der reichste und mächtigste Staat des Nahen Ostens, nämlich Saudi-Arabien.

Die Saudis kämpfen gegen den Islamischen Staat, obwohl doch dessen Kämpfer Fleisch vom eigenen Fleisch des Wahhabismus sind, einer radikal-puristischen Richtung des sunnitischen Islams, die noch immer davon träumt, von Mekka aus die Welt als globales Kalifat beherrschen zu können.

Die Gotteskrieger sind nicht als Dschihadisten geboren, sondern als Kinder von Hasspredigern geistig gezeugt worden. Die Mehrzahl der Muslime sind hingegen friedliebende Menschen. Der friedliche Islam muss sich trennen vom gewalttätigen Islam, und wir müssen uns trennen von Staaten, die ihn finanzieren.

Der Nahe Osten ist der Balg, an dem der Iran, der Irak, die Türkei, Saudi-Arabien, die Golfstaaten, Katar, der Libanon, Syrien und andere zerren. Angetrieben wird die Meute von einem Konglomerat von Wirtschaftsinteressen, religiösen Fanatismen und politischer Herrschsucht. Die Gefahr entspricht der Sprengkraft einer Superbombe, mit der ein neues Kriegszeitalter eingeläutet wird, in dem neue Völkerwanderungen als Flüchtlingsströme ausgelöst werden. Es könnte die Totenglocke der zivilisierten Welt läuten, die von einem barbarischen Zeitalter beerbt wird.

Der Krieg hat viele Gesichter. Sunniten und Schiiten bekämpfen sich im Namen Allahs. Die Weltmächte USA und Russland lassen die nationalen Puppen tanzen. Die Türkei träumt osmanische Illusionen. Die so oft mit Zusagen der

Mächtigen vertrösteten und betrogenen Kurden wollen ihre Sache selbst in die Hand nehmen.

Es geht um Einfluss, Zonen und Macht. Hinter allen Masken der Macht lugt das Geld hervor.

Mein Lernobjekt Iran

Ich habe viel gelesen und studiert über den Iran. Gleichsam mit ungläubigem Staunen verfolgte ich die wechselnden Sieger und Besiegten im Nahen Osten. Politische Verwandlungskünstler, Versteckspieler und ihre einfallsreichen Regisseure hinter den Kulissen und von weit her treiben ein todeslüsternes Spiel mit Menschen.

Misstrauisch geworden gegen die offiziellen Deutungen suchte ich danach, ob sich auch hier eine Geldspur zum Grund der Kriege finden lässt. Schon bald traf ich auf eine dicke Ölspur.

Der persische Premierminister Mohammad Mossadegh, legal im Amt, wurde 1953 gestürzt, nicht ohne Anstiftung und Unterstützung durch amerikanische und britische Geheimdienste. Der Regierungschef hatte einen höheren Anteil an den Ölgeldern verlangt, deren Quelle sein Land war. Das kostete ihn Amt und Leben.

Mohammad Reza Pahlavi kehrte nach kurzer Flucht auf den Pfauenthron zurück. Er und seine Frau Soraya waren Traumpaar der Illustrierten, die seinerzeit in Deutschland gelesen wurden. Aber der Traumprinz war ein Diktator. Sein Ziel war die Verwestlichung Persiens, dessen Kultur älter war als die des modernen Westens. Für dieses Ziel waren dem Schah alle Mittel recht, auch wenn dabei die religiösen Gefühle seiner Landsleute brutal missachtet wurden.

Doch es kam zum Rückspiel und zur Auseinandersetzung zwischen Geschäft und Tradition. Diesmal gewann ein Ajatollah namens Khomeni, und der führte im dialektischen Pendelschlag zurück mitten in den religiösen Fundamentalismus.

Der Westen schreckte auf. Der neue Feind Iran sollte durch den neuen Freund des Westens namens Saddam Hussein zurückgedrängt werden. Das misslang, kostete aber im Krieg zwischen Irak und Iran 800 000 Menschenleben.

Der Freund des Westens, Saddam Hussein, setzte gegen seine eigenen Landsleute Giftgas ein. Auch sonst gebärdete er sich eigenwillig. Mit der Freundschaft der Amerikaner zum Irak und seinem Herrscher war es bald vorbei. Der Giftgas-Diktator wurde unberechenbar, überfiel zur Auffüllung seiner Kriegskasse sogar Kuweit, einen wichtigen Öllieferanten des Westens. Jetzt verloren die USA die Geduld mit Saddam, sie stürzten ihn zwar nicht, wollten ihm aber doch einen gehörigen Denkzettel verpassen. Sie marschierten ein und blieben auf halbem Weg stehen. Ein paar Jahre später vollendete Bush II. die Halbherzigkeit von Bush I. zur ganzen Sache, vom Denkzettel zum Tod. Im zweiten Anlauf wurde der irakische Herrscher beseitigt. Ihm hatte die erste Lektion der »Zurechtweisung« nicht gereicht. Also musste reiner Tisch gemacht werden.

Lachender Dritter war das schiitische Regime der Ayatollahs im Iran. Das rief das sunnitische Saudi-Arabien auf den Plan. Jetzt musste Riad bei Laune gehalten werden. Waffen heiterten die Stimmung auf:

Der Westen war bei diesem »Spiel« offiziell nur Zuschauer, insgeheim aber Ränkeschmied. Saudi-Arabien exportiert Öl an den Westen und Waffen an seine sunnitischen Glaubensbrüder. So ist beiden geholfen. Doch die Lage ist noch verwickelter. Die sunnitischen Glaubensbrüder des »Islamischen Staates« sind keine Freunde des Westens, werden aber über saudische Umwege von diesem unterstützt. Die Ermordeten bezahlen die Mörder.

Jetzt bricht das diabolische Kartenhaus in Syrien zusammen. Ein Hexentanz beginnt. Putin will schließlich im nahen Osten auch im Machtspiel bleiben. Er lässt auf die Aufständischen, die wie der Westen den syrischen Herrscher stürzen wollen, Streubomben regnen und treibt so zehntausende Menschen auf die Flucht, vor denen die Europäer Ihre Tore schließen wollen, um anschließend in Koalition mit Putin den »islamischen Staat« zu bekämpfen, in dessen Herrschaftsgebiet nur Tod oder Unterwerfung gilt. Wo sollen eigentlich die Geflüchteten Rettung finden?

Natürlich ist auch die Türkei zur Stelle, wenn es ans Verteilen geht. Osmanische Träume sind offenbar nicht aus der Erinnerung zu tilgen. Wo die Kurden im Spiel sind, kann die Türkei nicht draußen bleiben. Nichts fürchten die Türken mehr, als eine kurdische Autonomie. Also kommen die Kurden unter Beschuss, obwohl sie die einzigen sind, die bisher dem »Islamischen Staat« Paroli geboten haben. Die Kurden bewahrten Kobane, die Stadt an der türkischen Grenze, vor der Eroberung durch den »Islamischen Staat«. Für Waffennachschub gewährte die Türkei damals großzügig freie Zufahrt und die USA Unterstützung aus der Luft. Die Übernahme des Irak wurde von Kurden gestoppt. Dafür erhielten sie Ausbildung und Waffen von der Bundeswehr, also von Natopartner Deutschland. Jetzt beschießt Natopartner Türkei die Kurden, die von Assad inzwischen umworben werden.

Es sind also noch überraschende Koalitionen und weitere Überkreuzkooperationen denkbar.

Und zwischen allen – hin- und hergerissen und – gescho-ben – die Flüchtlinge.

Wer kämpft eigentlich für die Flüchtlinge? Dem Chaos von Religion, Öl und Geld, Macht und Krieg versuchen Milli-onen von Menschen zu entkommen. Es sind Menschen: Flüchtlinge.

Unsere Flüchtlinge.

Aylan war einer von ihnen.

Kapitel 4
Vorteilssuche als Weltformel

Ausgesetzt den Spielen der Macht gerät die Welt in das kalte Kalkül der totalen Geltung der Vorteilssuche, in dem jeder sich selbst der Nächste ist. Das entspricht dem Credo des Neoliberalismus, der inzwischen die Weltreligion der Ökonomie ist. Garry S. Becker, einer ihrer Kirchenlehrer, erhielt den Nobelpreis für das Dogma: »Der Mensch ist ein Vorteilsucher und sonst nichts.« Die neoliberalen Missionare haben sich schon vor geraumer Zeit über die ganze Welt verbreitet, um die Seelen der Menschen zu erobern. Ihre neuen Missionsstationen sind sogenannte »Denkfabriken«, die meist von reichen Sponsoren finanziert werden.

Die deutsche Dependance der neuen Religion ist die Bertelsmann-Stiftung, Schröder war ihr Bonifatius.

Wer rettet uns davor, dass unser ganzes Leben eine Kalkulation von Vorteilen wird?

Wie schrecklich wäre es, in einer Gesellschaft leben zu müssen, die nach den Maximen des Garry S. Becker eingerichtet wird?

Kein Handschlag ohne vorherige Berechnung, welche Vorteile damit verbunden sind. Keine Freundlichkeit, ohne vorher zu überlegen, was sie mir bringt. Selbst Lachen ist nur erwünscht, weil es gesund ist. Nichts gilt, was »nichts bringt«.

Stehen wir an einer Zeitenwende? Zerreißt man den Schleier großer Worte, die sich als Theorie ausgeben, erscheint die hässliche Fratze der Geldgier. Während in der islamischen Welt sich eine Regression zum blutigen Fundamentalismus vollzieht, verflacht der Westen in einem unterhaltsamen oberflächlichen Konsumismus, dessen letzter Lebenssinn die Vorteilsnahme ist. Der Schnäppchenjäger ist der neue Patron des Konsums.

Liebe und Vertrauen

Selbst die schönste unserer Begabungen, die Fähigkeit zu lieben, gerät nach den Lehren der neoliberalen Orthodoxie unter das Regime der Kalkulation. Liebe wird folgerichtig zum Ergebnis einer Kosten-Nutzen-Analyse: »Karl liebt Anna 3,17-mal mehr als Elisabeth« ist eine Berechnungsmethode für das »Maß der Liebe«. Liebe wird Mathematik. Dabei ist die Liebe die unberechenbarste aller Kräfte, deren der Mensch mächtig ist.

Ich jedenfalls habe meine Frau nicht nach einer Kosten-Nutzen-Analyse geheiratet. Trotzdem hält unser Unternehmen schon über ein halbes Jahrhundert.

Liebe bringt so paradoxe Ergebnisse zustande, dass sie eine Abhängigkeit bewirkt, die freier macht, und ein Teilen ermöglicht, das reicher macht. Der Volksmund weiß das: »Geteiltes Glück ist doppeltes Glück. Geteiltes Leid ist halbes Leid.«

Keine Gesellschaft lässt sich dauerhaft auf Vorteilssuche aufbauen. Das Leben ist, solange Freiheit im Spiel ist, nicht in Berechnungen aufzulösen. Wir können gar nicht alles wissen und nicht jede Handlung zuvor kalkulieren. Wir müssen mit Vertrauen kompensieren, was sich dem Kalkül entzieht. So viel kann ich gar nicht wissen, wie ich im Alltag vertrauen muss, um zurechtzukommen. Das Vertrauen ist der Notstopfen für unvermeidbare Wissenslücken. Ohne Vertrauen bricht die Gesellschaft mit allem, was dazu gehört, zusammen.

Ohne Vertrauen funktioniert selbst die Wirtschaft nicht. Geld verliert über Nacht seinen Wert, wenn die Menschen nicht mehr darauf vertrauen, dass es etwas wert ist. »An sich« ist Geld eine Null. Denn Geld ist eigentlich ein Vertrag zwischen seinen Benutzern. Ein Vertrag ist jedoch ein Fetzen Papier, wenn die Vertragspartner nicht ein Mindestmaß von gegenseitigem Vertrauen aufbringen. Die großen Wirtschaftskrisen sind allesamt durch Zusammenbruch des Vertrauens ausgelöst worden.

Ich beispielsweise verstehe bis heute nicht, wieso ein so schweres Ding wie ein Flugzeug sich entgegen den Gesetzen der Schwerkraft in die Luft erheben kann. Ich vertraue darauf, dass es wie immer klappt.

Der Arzt, den ich konsultiere, erklärt mir Sachen, die ich nie verstehe. Dennoch vertraue ich seinen Schlussfolgerungen, die er als Experte zieht. Ich ersetze meinen Mangel an Wissen durch einen Vorrat von Vertrauen.

Ich vertraue sogar darauf, dass der Verkehrsteilnehmer, der an der Kreuzung von links kommt, weiß, dass ich Vorfahrt habe. Ich weiß es nicht, ob er es weiß. Ich vertraue ihm.

Ich will mir von niemandem das Vertrauen abgewöhnen lassen, noch nicht einmal durch die Verlockungen, dass ständiges Kalkulieren Vorteile bringt.

Die neue Weltreligion

Becker und seine neoliberalen Missionare versuchen, uns mit ihrem »Glauben« zu Jüngern des Vorteils zu erziehen. Die Erlösung besteht in der Heilssuche nach dem Vorteil. Die Monstranz ist das Geld. Das Evangelium ist der Börsenbericht. Der Heilige Offizium ist die Weltbank. Über Heiligsprechung entscheiden die Rating-Agenturen. Das Heilige Land sind die Vereinigten Staaten. Die Wall Street ist das neue Rom.

Schnäppchenjäger

Der Schnäppchenjäger ist der Prototyp des neoliberalen Konsumenten. »Ich konsumiere, also bin ich.«

- Der Schnäppchenjäger ist der ideale Vorteilssucher.
- Der Schnäppchenjäger ist der Lockvogel des Marketings.
- Der Schnäppchenjäger ist der Liebling des Versandhandels.
- Der Schnäppchenjäger ist der ideale Kunde.
- Der Schnäppchenjäger ist der Motor des Konsums.
- Der Schnäppchenjäger ist der Gewinner.

Und tatsächlich vermag der Schnäppchenjäger unter Umständen auf der Schnäppchenjagd mit Cleverness mehr Geld zu sparen, als er mit Arbeit zur gleichen Zeit verdienen könnte. Allerdings muss er dafür einen Teil seiner wertvollen Lebenszeit dem Vorteilsvergleich widmen. Was leichter gesagt als gemacht ist, denn schließlich hilft bei der Kaufentscheidung nicht nur der Blick auf das Preisschild, um den genauen Vorteil zu ermitteln. Es müssen weitere Faktoren berechnet werden. Packungsgröße bzw. Gewicht relativieren den bloßen Preisaufdruck. Die Materialqualität schmälert selbst bei vergleichbarer Ausführung die Aussagekraft des zu vergleichenden Preises. Gesundheitsbewusste Konsumenten haben Erfahrung damit, dass billiger nicht besser ist. Ohne Beipackzettel funktioniert kein effektiver Preisvergleich. Ohne zeitaufwendiges Studium von Prospekten lässt sich die Preisjagd des Schnäppchenjägers nicht aussichtsreich durchführen. Der erfolgreiche Schnäppchenjäger bedarf der Beratung, nicht ohne sich vorher sachkundig zu machen, wer den Berater finanziert.

Mit anderen Worten, die Welt der Vorteilssucher ist kompliziert und voller Fallgruben. Die Suche beansprucht Zeit. Viel sinnvolle Zeit geht dabei verloren.

Ich beispielsweise höre lieber Mozart oder lese Goethe, sehe Tatort und Bundesliga, statt die täglichen Preislisten von Aldi, Lidl, Rewe, Edeka etc. zu vergleichen.

Die Vollendung der hohen Kunst der Schnäppchenjagd besteht in der Fähigkeit, bei der Deutschen Bahn die jeweils kostengünstigsten Fahrkarten zum günstigsten Tag zu erwerben. Wer diesen Fahrkartenkauf beherrscht, hat die Lizenz zum Schnäppchenjäger der Extra-Klasse.

Wer montags eine Fahrkarte für die Rückfahrt mittwochs erwirbt und die Hinfahrt nicht länger als zwei Stunden nach Lösung der entsprechenden Fahrkarte angetreten hat, erhält eine Fahrpreisermäßigung in Höhe von einem Drittel des Preises, den seine nicht mitfahrende Ehefrau, die im Besitz einer »Seniorenkarte 50« ist, gezahlt hätte, wenn sie mitgefahren wäre. Für zwei Koffer unter zwanzig Kilo und drei Kinder unter 15 Jahren lässt sich ein zusätzlicher Preisrabatt in Höhe von zehn Prozent des Gesamtpreises erwirtschaften, allerdings unter Anrechnung der Ermäßigungen, die auf Grund der nicht mitreisenden Ehefrau mit »Seniorenkarte 50« gewährt wurde. Dieses einmalige Spezialangebot gilt allerdings nicht unbegrenzt, sondern nur für ein beschränktes Kontingent von 500 Fahrkarten. Der Ablauf der Preisnachlassfrist lässt sich nicht vorhersagen, da er von der Stärke der Nachfrage abhängt. Diese Fahrkarten haben außerdem nur Gültigkeit für Sitzplätze in den jeweils letzten beiden Wagen und nur für die Sitzreihen rechts in Fahrtrichtung und für Sitzplätze, die nicht reserviert sind. Was treiben die für ein Spiel mit uns? Sollen wir zu Konsumaffen abgerichtet werden?

Das Modell »Schnäppchenjäger« eignet sich allerdings nicht für eine gesamtgesellschaftliche Lösung. Wie der Name »Schnäppchen« schon nahelegt, handelt es sich um ein exklusives Angebot, also um eines, das per Definition gar nicht für alle erreichbar ist. Denn wenn alle ein Schnäppchen erlangen könnten, wäre dieses Schnäppchen kein Schnäppchen mehr. Der Effekt des Schnäppchens steht im proportional umgekehrten Verhältnis zur Zahl seiner Erwerber. Je weniger Schnäppchen, umso erfolgreicher der Schnäppchenjäger.

Es ist wie im Fußballstadion: Wenn einer vom Sitzplatz aufsteht, um besser zu sehen, sieht er tatsächlich besser. Wenn jedoch alle aufstehen, hätte er auch sitzenbleiben können.

Die Schnäppchenjagd ist die systematische Konditionierung des Menschen zum Konsumidioten.

Fest steht also, dass noch nicht einmal die Ökonomie funktionieren würde, wenn sie nur ökonomisch wäre. So viele Vorteile übersieht niemand, wie er übersehen müsste, um das Vorteilhafteste für sich zu erlangen. So viele Tricks können gar nicht angewandt werden, wie in der Vorteilssuche angeboten werden. Die Konsumenten kommen ohne Grundvertrauen nicht aus. Der »ehrbare Kaufmann« war nie Schnäppchenjäger, sondern eher Nachfahre der Ritter, die von einem Kodex der fairen Rücksichtnahme, selbst im streitbaren Turnier, geleitet wurden. Die bürgerlichen Tugenden wie Fleiß, Zuverlässigkeit oder Ehrlichkeit waren von ungeschriebenen Gesetzen des Erlaubten eingerahmt, die ihnen halfen, nichts zu tun, »was sich nicht gehörte«.

»Das tut man nicht« kam einem gesetzlichen Verbot gleich, dessen Strafe bei Verstoß nicht Haft, sondern Verachtung war, die oft härter als eine Gefängnisstrafe empfunden wurde. Verachtung konnte gar zum Verlust ohne Bewährung der bürgerlichen Existenz führen. Thomas Mann liefert in den *Buddenbrooks* dazu das bürgerliche Anschauungsmaterial.

Kultur des Mitleids

Gegen den allesfressenden kalten Egoismus, der von moralischer Unempfindlichkeit geprägt ist, könnte eine Kultur des Mitleids die erste Schutzmauer bilden.

Emotionen bilden jene Aufregungen, welche imstande sind, die kalte Kalkulation des Vorteils aus der Bahn zu werfen. Das Mitgefühl erhebt Einspruch gegen die Rücksichtslosigkeit der Übervorteilung des anderen. Mitleid, eine Stufe höher, gründet im Mitleben, ist also auch mit der Einladung versehen, die Welt mit den Augen des Mitmenschen zu betrachten.

Kalte Technik?

Neben der Vorteilssuche ist eine von kalter Technik überwältigte Gesellschaft eine weitere Gefahr für ein innengeleitetes Leben. Unsere Empathie wird durch eine Technik ausgeschaltet, die der Mitgefühle nicht mehr bedarf.

Das Mitleid findet kein Futter im kalten Getriebe der Elektronik, deren pure Sachlichkeit keinen Bluthochdruck und keine Ausraster durch Entsetzen auslöst. Der Mensch gerät in den Bann seiner Werkzeuge.

Im Zeitalter der Digitalisierung besteht die Gefahr, dass der Mensch auf eine Summe von Daten schrumpft, die mit Hilfe von Algorithmen zu Handlungsmustern verdichtet werden, aufgrund derer wir als bewusstlose Agenten digitaler Fernsteuerung funktionieren. Ein unter die Haut implantierter Chip öffnet nicht nur Türen, sondern steuert uns auf all unseren Wegen. Er ist Schutzengel und Polizist zugleich. Der Mensch ist zu guter Letzt nicht mehr als eine Informationszentrale und Abrufstation im digitalen Komplex. Es findet sich schließlich noch ein großer Bruder, der die Daten zweckgerichtet abruft. Wer bestimmt die Zwecke?

Das »Internet der Dinge« kann uns entlasten, aber vielleicht auch ersetzen. Dass der Rasenmäher nebst anschließender Rasenbewässerung mit dem Wetterdienst kurzgeschlossen ist, ist ein schönes Spiel, das uns Arbeit erspart. Der Rasencomputer braucht keinen Befehl. Keine Menschenhand rührt einen Finger, und er funktioniert dennoch. Er reagiert automatisch. Es ist das Wunder der vernetzten Fernsteuerung, das uns entlastet.

Der implantierte Chip im Brillengestell, der uns mitteilt, dass wir etwas essen sollten und uns gleichzeitig die Speisenauswahl im nächsten Restaurant hundert Meter weiter links um die Ecke anweist, ist jedoch schon ein Schritt zu weit. Er entlastet nicht, sondern ersetzt klammheimlich meinen freien Willen. Ganz bestimmt ist die Grenze überschritten, wenn das Internet sich in meine intimen Lebensangelegenheiten einmischt und beispielsweise mir den Partner aussucht, mit dem ich mein Leben verbringen soll, und mir so bei der Wahl per Suggestion alle Alternativen absperrt. In »Herzensangelegenheiten« bedarf der Mensch keiner Prothesen. »Herzensangelegenheiten« selbst zu entscheiden, gehört zum inneren Kern des »Selbst«.

In der Liebe gibt es keine Stellvertreter, von dem man ersetzt werden könnte, auch nicht von einer perfekten Maschine. »Die oder keine!«, »Der oder keiner!«, ruft nur ein Mensch. Glück hat, wer den Kairos der Entscheidung nicht verpasst.

Das Schlimmste in meiner Vorstellung ist: Das Internet kennt mich zu guter Letzt besser als ich mich selbst. Und errechnet so aus der Vergangenheit, was ich in Zukunft mache, während ich mich der Illusion hingebe, selbst »Herr meiner Dinge« zu sein.

Das Schreckgespenst der Zukunft ist: Meine Launen produzieren Wünsche, die anschließend in Algorithmen verwandelt werden, die als psychische Zwänge mir die Freiheit des Willens nehmen. Freiheit verblasst so zur Illusion, selbst bestimmt zu haben, was mir nur eingeredet worden war.

Die Puppenspieler

Welche Gegengifte helfen uns, unser »Selbst« zu bewahren, innengeleitet und nicht außengesteuert zu werden? Vielleicht eine Emotion, und zwar jene, die aus dem Trotz entsteht, dass wir ein Selbst und kein digitaler Hampelmann sein wollen, der an unsichtbaren Fäden gezogen wird, deren »Puppenspieler« wir noch nicht einmal kennen.

Die kalte Welt der digitalen Datenmaterie ist die Mutter der Entfremdung, die uns menschliche Nähe raubt und deren Kälte auch die Hemmschwellen senkt, die uns davor bewahrt, gewalttätig oder selbst Opfer von Gewalt zu werden.

Wir werden des eigenen Mitgefühls durch die Anonymität der Technik beraubt. Ich aber will fühlen, wer ich bin, damit ich weiß, was ich will.

Technik entmenschlicht durch Anonymität

Schon der erste Atombombenpilot hatte es leichter, den Knopf zum Abwurf zu drücken, als der ritterliche Kämpfer, der dem Gegner mit dem Schwert zu Leibe rücken wollte. Anonymität enthemmt. Der Pilot sah die Menschen nicht, die er umbrachte, und sie ihn nicht, der ihr Mörder war. Erst recht haben die Piloten der ferngesteuerten Drohnen weniger Tötungshemmungen als ein Revolverheld.

Unter dem Diktat der Kosten-Nutzen-Rechnung ist der Mensch eine Fehlbesetzung in der Dienstleistungsgesellschaft. Dienstleistung ohne Mensch geht und ist kostengünstiger. Schon werden Pflegebedürftige in japanischen Heimen in automatischen Waschanlagen gereinigt. Zartfühlend, empfindsam, wahrscheinlich bei sanfter Musik, aber ohne menschliche Zuwendung, dafür aber billiger.

Der eiskalte Mitmensch

Roboter besitzen kein Gewissen, und die Künstliche Intelligenz, die unser Leben erleichtern soll, kommt ohne Moral aus.

Die neuen digitalen Technologien konditionieren einen Menschentyp ohne Einfühlungsvermögen. Sherry Turkle, eine MIT-Soziologin, liefert in ihrem unlängst erschienenen Buch *Reclaiming Conversation. The Power of Talk in a Digital Age* eindrucksvolle Hinweise, wie das Smartphone unsere Fähigkeit zu Gesprächen lahmgelegt.

Ein Rundblick im Alltag öffnet mir die Augen. Ich stoße auf unzählige stur vor sich hinblickende auf das Smartphone fixierte Gesichter. Ob sitzend, stehend oder gehend: Ich bin von Autisten umgeben, die mit ihrem Smartphone kommunizieren.

Auf dem Gehsteig rennt mich ein Smartphone-Konsument um, dessen virtueller Gesprächspartner in einem anderen Teil der Welt ihm offenbar mehr Aufmerksamkeit abverlangt als ich, der reale Fußgänger auf der Gegenspur.

Das Verständnis für andere und das Bedürfnis nach Begegnungen schwindet. Zu guter Letzt bin ich nur noch Empfänger von Kurzgesten. So ähnlich begegnen mir Hunde, die ihre Stimmung mit Knurren ausdrücken, wenn sie aggressiv sind, oder Schweine, die grunzen, wenn es ihnen gut geht.

Die akustische Lautverdichtung wird inzwischen durch optische Kürzel auf dem Smartphone noch übertroffen, durch den Austausch von Smiley-Symbolen! Die Reduktion von Gesichtsausdrücken im Minimalformat ist kein Gespräch. Ich bin nur noch eine Chiffre.

Digital verlernt der Mensch die Empathie, die ihn immer noch von ach so klugen Maschinen unterscheidet. Selbst wenn der Mensch diese Computer noch beherrscht, weil er sie programmiert, werden sie ihn so steuern, wie er sie gemacht hat: gefühlskalt, interessenlos, ohne Bindung an Mitmenschen.

Im besten Fall ist der Computer das Spiegelbild des Maschinenmenschen: Roboter auf beiden Seiten, der eine aus Fleisch und Blut, der andere voller Elektronik.

Der Autismus der Sachen

Die Rückkehr des Menschen in »hautnahe« Beziehungen ist die Voraussetzung, um der Herrschaft der Dinge widerstehen zu können. Im »Internet 4.0« kommunizieren die Dinge mit sich selbst. Das Internet der Dinge ist der Autismus der Sachen: algorithmengesteuert, ohne Überraschungen, lust- und lieblos.

Gegen die frostigen Effizienzzwänge der digitalen Welt hilfe vielleicht eine neue Romantisierung der Welt, die sich die Sehnsucht nach Liebe, Vertrauen und »ähnlichen altvertrauten Bedürfnissen« nicht abgewöhnen lässt. Ein Hauch romantischer Verzauberung der Welt könnte uns vor dem digitalen Kältetod schützen.

Vernunft und Erbarmen

Die Gefühle sind diffus. Sie bedürfen der Verfeinerung. Mitleid ist die erste Stufe der Reinigung von Brutalitätstrieben. Vernunft ist die höchste Stufe der Sublimierung der Gefühle und Dienstbarmachung des Verstandes für vernünftige Ziele. In der Vernunft kommen guter Wille und Verstand zur Symbiose.

Mitleid ist eine spezifisch menschliche Begabung. Mitleid enthebt uns dem brutalen tierischen Überlebenskampf, in dem bekanntlich der große Fisch den kleinen Fisch frisst. Fressen und gefressen werden: Das ist der Kreislauf der mitleidlosen Natur.

Mitleid ist die gefühlsmäßige Vorschule des Erbarmens. In das Erbarmen fließen unsere tiefsten humanen Überzeugungen ein. Die Kultur des Erbarmens veredelt die menschliche Natur. Das Erbarmen ist keine Sentimentalität. Sentimentalität ist Gefühl ohne Konsequenz, Erbarmen aber drängt zum Handeln. Erbarmen steht im Dienste der Vernunft. Während Gefühle missbraucht werden können, ist Erbarmen immer im Dienst des guten Lebens, an dem auch die Schwächeren und sogar die Versager teilnehmen sollen. Mit dem Teufel gibt es kein Erbarmen.

Gefühle – Mitleid – Erbarmen sind ein Dreisprung der Humanität.

Was ist der Mensch? Gut oder böse?

Die Zyniker unter den Philosophen haben von jeher behauptet, dass der Mensch von Natur aus böse sei. Hobbes verstieg sich zu der Behauptung, der Mensch sei der Wolf für den Menschen: »homo homini lupus«. Für diese Zyniker steht heutigentags der vorteilssuchende Egoist. Er ist der moderne Prototyp des Erfolges. Soll das der Weg ins Glück sein?

Ich dagegen glaube, dass der Mensch am glücklichsten ist, wenn er gut zu anderen ist. Als höchste Form der Glückseligkeit gilt seit jeher die Liebe. Dichtung und Religion wissen davon ein Lied zu singen, und bei der Liebe hat es der Mensch immer mit anderen zu tun. Eine asoziale Liebe wäre ein Widerspruch in sich selbst. Selbstliebe ist die Krüppelform der Liebe.

Helfen macht glücklich

Man muss aber nicht in die Höhen der Philosophie steigen oder Zuflucht im Himmel der Liebe finden, um die Erfahrung zu gewinnen, dass Gutes zufriedener macht als Böses.

Die Tausende von Helfern, die spontan den Zigtausenden von Flüchtlingen zur Seite sprangen, als die wie eine menschliche Flut Deutschland erreichten, machten einen entschieden glücklicheren Eindruck als die Abgasbetrüger in Wolfsburg oder die Libor-Manipulateure der Deutschen Bank in Frankfurt und die Fußballschieber der Fifa in Zürich.

Ich kann mir jedenfalls Winterkorn, Ackermann und Blatter nicht als glückliche Menschen vorstellen.

Auf der anderen Seite gibt es in Flüchtlingsheimen noch immer mehr Helfer, als gebraucht werden. Darauf waren die professionellen Sachverständigen und zynischen Experten gar nicht gefasst.

Geld zu haben ist ein unbeständiges Vergnügen. Wer viel hat, kann viel verlieren, und daher ist auch bei jenen, die zu den Reichen oder gar zu den noch Reicheren gehören, die Lebensfreude nicht ständiger Begleiter. Zu viel Geld löst bei seinen Inhabern unter Umständen sogar den gefürchteten Horror vacui aus, dessen quälerisches Kind die Langeweile ist. Geld ist nämlich nicht alles, und was danach und darüber hinaus kommt, liefert keine Bank. Lebenssinn hingegen ist unbezahlbar … und nicht vom Konto abzubuchen.

Helfen verschafft nachhaltiges Glück.

»Ramschen« dagegen macht gierig und gierig macht unsicher. Je mehr sie hat, umso mehr will sie – das bewies schon Ilsebill im Märchen *Von dem Fischer un siine Frau*.

Helfen macht glücklicher als Haben.

Deutschlands Ansehen wurde durch Angela Merkels Flüchtlingspolitik der Hilfsbereitschaft mehr gestärkt als durch alles, was wir mit viel Geld in der europäischen Finanzpolitik geliefert haben, inklusive der Zuchtmeisterrolle, die Schäuble gegenüber den Griechen gespielt hat.

Die Schwäche ist unsere Stärke

Politik ist am besten aufgehoben, wenn sie weiß, was der Mensch im Grunde seines Wesens ist. Ohne ein Quäntchen Philosophie gerät Politik leicht ins Wanken. Grundsätze erhöhen die Standfestigkeit.

Der Mensch ist das schwächste unter allen Lebewesen. Er kommt, wie etwa der Schweizer Zoologe Adolf Portmann herausgefunden habt, neun Monate zu früh zur Welt. Er ist noch gar nicht fertig. Der Mensch ist eigentlich eine biologische Frühgeburt.

»Instinktarm« fällt der Mensch in die Welt und muss sich in ihr, für die er unzureichend ausgerichtet ist, einrichten. Das schafft er nicht als Solist, sondern nur mit anderen. Von der Wiege bis zur Bahre sind wir auf Mitmenschlichkeit angewiesen. Ohne Du kein Ich.

Kaspar Hauser verkümmerte, weil er isoliert worden war.

Robinson brauchte seinen Freitag, Einsiedler halten sich an Gott, als wäre er ihr Nachbar.

Wir sind nur als soziales Wesen überlebensfähig. Unsere natürlichen Mängel müssen durch eine Sozialkultur kompensiert werden.

Nobelpreis für Idioten

»Jede Generation sorgt für sich selber«, verkündeten einst die Jungliberalen in der Rentendiskussion. Blöder geht's nicht mehr. Ich habe noch kein Baby gesehen, das sich selber wickelt oder stillt. »Ich kündige den Generationenvertrag!«, rief ein Heidelberger Student in den Saal und wurde ob seiner Klugheit im *Stern* gefeiert. Dem jungen Mann kann geholfen werden. »Zurück auf die Bäume!« Alles, was er besitzt, verdankt er dem Generationenvertrag. Ohne vorhergehende Generation kein Kindergarten, keine Schule und Universität. Als Selbstversorger »mit nix – von nix« müsste der »Gescheitschwätzer« fortan leben, wenn sein Wunsch erfüllt werden würde. Ohne Generationenvertrag bricht sogar das Leben ganz ab. Ohne Eltern keine Kinder.

Solidarität ist Überlebensbedingung

Das Angewiesensein auf andere gehört zu unserem Wesen. Unsere Schwäche ist unsere Stärke. Wann kapieren das endlich alle, dass Solidarität kein moralischer Luxus ist, sondern menschliche Überlebensbedingung? Es ist auch nachweislich kein Zufall, dass Gesellschaften mit ausgebautem Sozialstaat die Finanzkrise besser überstanden haben, als solche, die sich ganz dem Geldgeschäft ausgeliefert hatten.

Neuere Anthropologien widersprechen dem Darwin'schen Ausleseprinzip, nach dem in der Evolution die Fittesten die Sieger sind. Sie erklären die Kooperation zur Bedingung des Überlebenswettbewerbs. Nicht die körperlich Stärksten, sondern die Sozialen sind Träger der menschlichen Entwicklung. Der in Leipzig lehrende Verhaltensforscher Michael Tomasello und andere haben in eindrucksvollen empirischen Studien nachgewiesen, dass der in der menschlichen Natur angelegte Altruismus und die Kooperationsfähigkeit von keiner Tiergattung erreicht werden. Unsere Soziabilität macht uns zur »Krone der Schöpfung«.

Die Siegergesellschaft

Warum wollen so viele immer und überall und in jeder Beziehung die Stärksten sein? Allmachtsfantasien sind bekanntlich ein psychischer Defekt. Wettkampf ist schön. Aber zu seinem Urgesetz gehört, dass nicht alle Erste sein können. Ohne Zweite, Dritte usw. keine Erste. Überlebensrecht haben aber nicht nur die Sieger. Wer ist eigentlich immer und in jeder Disziplin Sieger? Ich kenne keinen Allzeit-allround-Sieger.

Ist eine Gesellschaft der Starken wünschbar oder gar machbar? Homer war blind, Beethoven taub, Kant von kränklicher Kondition. Waren sie schwach? Wahrscheinlich wären die drei, wenn sie heute leben würden, sogar im Besitz eines Behindertenausweises.

Es ist also keineswegs ausgemacht, dass Behinderte in jedem Fall die Nehmer und die Nichtbehinderten die Geber sind, wie Homer, Beethoven und Kant beweisen.

Der Film *Ziemlich beste Freunde* vom Leben des quer-schnittgelähmten Philippe Pozzo di Borgo rührte Millionen von Kinobesuchern mit der Parabel vom gemeinsamen Leben des hilflosen Philippe und seines Helfers, eines Kleinkriminellen, das beiden zur Resozialisierung verhalf.

Wer hat wem geholfen? Der Erfolgsmensch Philippe, gefeierter Geschäftsführer der Firma Champagners Pommery, stürzte mit dem Gleitschirm ab. Als Gelähmter erlebte er einen existenziellen Aufstieg, der seinen geschäftlichen verblassen ließ. Der lautstarke Boss verwandelte sich in einen stillen Menschen, dem ein ihm bis dahin unbekanntes Selbst begegnete, wie er es beschrieb. Er entdeckte, dass man das Ich nur erkennt, wenn man vor dem Du die Waffen streckt und ihm uneigennützig gegenübertritt. So wird seine Biografie zum Nukleus einer gesellschaftlichen Utopie von einer starken Gesellschaft der Schwachen.

»Anstelle des Terrors, den uns der Zwang zur Leistung, Normalität, Kreativität und Erneuerung um jeden Preis auferlegt, tritt Ich und Du bzw. der generelle Respekt vor dem anderen … Dieses ›Vibrieren‹, das entsteht, wenn alle sich auf diese Weise zur Verfügung stellen, bildet die Grundlage für den unglaublichen Reichtum der vielen miteinander in Einklang stehenden Anderen«, schreibt Pozzo di Borgo in seiner Lebenserinnerung.

Wer ist stark, wer ist schwach?

Das Dasein zu teilen – das ist vielleicht das Glücksgeheimnis eines reichen Lebens.

Wäre es erstrebenswert, wenn die Gesellschaft die Summe von Siegern wäre?

Eine Gesellschaft von Olympiasiegern und Intelligenzbolzen wäre die Besatzung einer schrecklichen Welt. Niemand bedürfte dann nämlich eines anderen. Jeder wäre sich selbst genug. Die Gesellschaft der Starken wäre wahrscheinlich eine Welt der Lieblosigkeit.

Empathie, die Stütze der funktionsfähigen Marktwirtschaft

Der liebe Gott, die Schöpfung, die Evolution oder wer weiß was stattete unser Gehirn mit Spiegelneuronen aus. Wir sind fähig, uns in den anderen Menschen zu versetzen, uns sogar »in ihn hineinzudenken«. Darauf bauten große Philosophen eindrucksvolle Menschenbilder auf. Auch Wirtschaftsethiker ließen sich davon beeindrucken. Schon Adam Smith, der »Erfinder« der Marktwirtschaft, war sich seiner Markttheorie nicht ganz so sicher wie manche seiner späteren Gefolgsleute und hielt deshalb das Konkurrenzprinzip für ergänzungsbedürftig.

Smith hielt die Marktwirtschaft nur dann für funktionsfähig, wenn unsere Empathie verhindere, dass der Wettbewerbsdruck so stark werde, dass er zur Eliminierung der Konkurrenz führe. (Seine neoliberalen Jünger haben diesen Teil der Smith-Theorie von den eingebauten Gefühlshemmungen, welche die Egozentrik bändigen sollen, offenbar überlesen.) Vor seinem marktwirtschaftlichen Hauptwerk *Wohlstand der Nationen* veröffentlichte er eine *Theorie der ethischen Gefühle*.

Ludwig Erhard zog die Konsequenzen aus der unverkürzten Smith-Lehre mit dem Projekt der Sozialen Marktwirtschaft. Er machte sich damit unsere Fähigkeit und Anlage zum Sozialen zunutze.

Die Marktwirtschaft ist ohne Sozialstaat gar nicht funktionsfähig. Erst nachdem die großen sozialen Risiken wie Invalidität, Unfall, Krankheit, Arbeitslosigkeit aus der betrieblichen Obhut entlassen (wo sie in der Hauswirtschaft noch bewältigt werden mussten) und dem Staat anvertraut worden waren, konnte sich eine unternehmerische Ratio entfalten, die sich im Wettbewerb bewährte und am Gewinn orientierte. Solange der Betrieb wie eine Familie funktionierte, war eine funktionsfähige Marktwirtschaft gar nicht möglich.

Die DDR-Wirtschaft brach auch deshalb zusammen, weil die feudale Struktur der Planwirtschaft den Unternehmen gesamtgesellschaftliche Funktionen zuwies und so die Orientierung an Produktivität störte. Die DDR-Betriebe gewährten z.B. auch Sicherheit vor Arbeitslosigkeit, aber nicht mit Hilfe der sozialstaatlichen Arbeitslosenversicherung, sondern indem die beschäftigungslosen Mitarbeiter im Betrieb verblieben. Entlassung war in dem System nicht vorgesehen. Beschäftigung war von der Produktivität abgekoppelt.

Lenkbare Emotionen

Rücksicht, wo immer sie ihren Sitz hat, ob in der Familie oder im öffentlichen Leben, wird durch unsere natürlichen Anlagen gestützt. Unsere neurologische Ausstattung macht Empathie möglich. Ein erbarmungsloser Mensch ist ein Mensch, der um seine besten Möglichkeiten gebracht ist. Er ist ein seelischer Krüppel.

Doch der Mensch ist ein wankelmütiges Wesen. Davor bewahren ihn auch nicht seine »guten« Anlagen und seine Fähigkeit zum Erbarmen.

Ein sanftes Ruhekissen unseres Gewissens sind die Spiegelneuronen also nicht. Wir können uns jedenfalls nicht auf sie verlassen. Sie haben Auschwitz und andere grausame Massenvernichtungen nicht verhindert. Die Menschheitsgeschichte ist leider nicht nur eine Erzählung von Liebe und Erbarmen, sondern auch ein Bericht von Brutalitäten und Gewalt. Es begann schon mit Kain, den postparadiesische Spiegelneuronen nicht daran hinderten, seiner neidgetriebenen Wut auf Abel freien Lauf zu lassen.

Unsere Emotionen sind lenkbar: zum Guten und leider auch zum Schlechten. Emotionen sind offenbar missbrauchsanfällig. Vernunft muss Emotionen zügeln. Emotionen müssen Vernunft stützen. Erbarmen ist die Symbiose von Herz und Hirn.

Bildung als Pflege des besseren Menschen

Bildung ist die Anstrengung, den ganzen Menschen zu formen – seine intellektuellen und seine emotionalen Begabungen gleichermaßen.

»Bildung ist das, was übrig bleibt, wenn man alles vergessen hat, was man gelernt hat«, hat Werner Heisenberg einmal behauptet. Und wie immer ist auch in diesem Bonmot ein Körnchen Wahrheit enthalten. So gesehen gibt es auf der Welt mehr gebildete Leute, als gescheite Berechner wissen. Es gibt offenbar ein hohes Maß an Herzensbildung. Der Regelkreis der Hilfsbereitschaft durch wechselseitige Unterstützung ist ein Modell für die Entwicklung unserer menschlichen Anlagen, die nicht unveränderbar gegeben sind, sondern gehegt und gepflegt werden müssen.

In der Bildung werden Fähigkeiten zum Gutsein gepflegt. Bildung stabilisiert, wenn sie gut ist, den besseren Menschen in uns. Deshalb lässt sich Bildung auch nicht auf Wissensvermittlung reduzieren. Mit dem Wissen ist es wie mit dem Messer. Man kann mit ihm Brot schneiden und Menschen erstechen. Bildung ermöglicht die Unterscheidung zwischen dem, was wir wollen sollen, und dem, was wir nicht wollen sollen.

Ich bin in einer von den Soziologen als »bildungsfern« stigmatisierten Familie großgeworden. Ich habe dort mehr Bildung mitbekommen als manche meiner Schulkameraden aus Familien mit Spitzeneinkommen. Ich habe früh gelernt, »was man nicht tut«.

Kapitel 5
Geld regiert die Welt

Alte Mythen berichten von Gefahren und Bedrohungen, denen sich die Menschen von Anfang an ausgesetzt sahen. Auch Märchen verkleiden Botschaften in fantasievollen Geschichten. Die Goldmarie beweist, dass Gutsein Glück bringt. Aschenputtel ist die wahre Prinzessin. Die sieben Geißlein lehren, der Mutter zu gehorchen ist besser, als Versuchungen nachzugeben. Hänsel überlebt, weil Gretel ihn vor der Hexe rettet. Das gute Rotkäppchen bleibt am Leben, nicht der böse Wolf.

Drohung und Verheißung liegen nahe beieinander. Sintfluten, finstere Urwälder, Irrwege, Labyrinthe, böse Mächte bevölkern die alten Erzählungen ebenso wie die Schilderungen von paradiesischen Zuständen in Schlaraffenländern, wo Milch und Honig fließen, gebratene Tauben in den Mund fliegen und das Leben nie endet. Schrecken und Wonnen enthalten die mythischen Erinnerungen.

Drachen und böse Geister, vor denen Menschen sich in vergangenen Zeiten fürchteten, haben wir – Gott sei Dank – längst hinter uns gelassen. Die Menschheit genießt die »Annehmlichkeiten« des aufgeklärten Fortschritts. Die Hexen leben nur in Märchen und Mythen, und das Schlaraffenland bleibt unerreichbar. Vielleicht sind jedoch in den Bildern alter Erzählungen immer noch Weisheiten versteckt, die nicht veralten und immer gelten.

Die Weisheit alter Mythen

Es gibt offenbar einen zeitlosen Schatz von Gefahren, von denen die Menschheit immer bedroht wird. In alten Überlieferungen wird von der tödlichen Verlockung der Gier berichtet.

Midas, König aus Phrygien, erbat sich von Dionysos das Geschenk, dass alles, was er berühre, zu Gold werde. Dionysos erfüllte dem König den Wunsch. Doch schon bald flehte Midas den Gott auf Knien an, die Gabe zurückzunehmen. Das Geschenk drohte, ihn umzubringen. Alles wurde zu Gold …, auch das, was er trinken und was er essen wollte. Midas wäre verhungert oder verdurstet, hätte Dionysos nicht das Geschenk annulliert. So entlarvt der alte Midas die aktuelle Gefahr, welche die Gier nach Geld in sich birgt.

Ich war Anfang dieses Jahres in Macau. Die ehemalige Kolonie ist von den Portugiesen an China zurückgegeben worden. Dort erstand die weltgrößte Spielerstadt, mit sechsmal mehr Jahresumsatz als in Las Vegas erspielt wird. Kommunismus und Kapitalismus feiern in Macau ihr infernalisches Finale. Der Hotel- und Casinokomplex The Venetian Macau ist das größte Gebäude Asiens und das zweitgrößte der Welt. In ihm wimmelt eine Masse Mensch ums Geld, Kinder spielen mit. 240 Millionen Dollar soll dieser Spielgigant gekostet haben. Nach bereits einem halben Jahr hatten sich die Baukosten amortisiert. Dreitausend Suiten beherbergt das Hotel, subventioniert von den Einnahmen des Casinos. Das Geld mit dem die Übernachtungspreise gesenkt werden, haben die Spieler zuvor im Casino verloren. Die Mäuse bezahlen den Speck, mit dem sie gefangen werden.

Wenn ich einen Spielfilm über Dantes Inferno drehen müsste, würde ich die Kamera auf die erstarrten Gesichter an den über achthundert Spieltischen und die geistesabwesenden Gesten an den 3.400 Spielautomaten halten und das Geld rollen lassen. Von Ewigkeit zu Ewigkeit, per omnia saecula saeculorum, Amen.

Geld – der Alleskönner

Die »Leute mit Geld« sind von der Erfahrung verwöhnt, dass »ihr« Geld alle Türen öffnet und jede Schranke überwindet. Geld kann alles. Die Welt ist zum Kauf angeboten. Anscheinend gibt es nichts, was man nicht kaufen kann. Deshalb verleitet Geld zu Hybris.

Geld »bringt« mehr Geld als Arbeit. Mit Geldgeschäften lässt sich mehr Geld verdienen als mit der Mühe der Arbeit. Die reale Welt ist mit einem virtuellen Geldschleier umhüllt, der sie verschwinden und stattdessen die Finanzwelt als die reale Welt erscheinen lässt. 99,6 Prozent der Dollarbillionen, welche den Erdball umkreisen, haben mit Gütern und Dienstleistungen, die Werte schöpften, nichts zu tun. Sie sind reine Finanzfiktionen.

Die globale Finanzwirtschaft gleicht einem Haushalt, in dem von 3 000 Euro Monatseinkommen zwölf Euro für Essen, Trinken, Wohnen, Kleidung ausgegeben und 2 988 Euro für Spiele verjubelt werden. Einen Menschen, der so mit seinem Einkommen umginge, würde für verrückt erklärt und unter Betreuung gestellt werden.

Wir haben es mit einer Hochstaplerökonomie zu tun. Wir leben auf Pump, auf Versprechen, von denen wir wissen, dass sie nicht eingelöst werden können.

Das System der Überschuldung ist ein System planvollen Betrugs. Zechpreller bestellen, ohne zu bezahlen. Zechprellerei ist das Betriebsgeheimnis der Finanzindustrie. Wobei der Name »Industrie« geklaut ist von einer Branche, die noch Werte durch Fleiß und Eifer (lat. *industria*!) schafft.

Der Hochmut des Geldes und seines Kindes, des Finanzkapitals, wird durch unser Steuersystem angefeuert. Arbeit wird hoch besteuert. Firmen verkaufen nicht. Das ist ein Nachlass der Schröder'schen Reformpolitik. Die Empfänger von Zinsen und Dividenden zahlen eine Abgeltungssteuer von 25 Prozent. Wie der Name schon ahnen lässt, ist die Abgeltungssteuer eine Art Finanzablass.

»Besser 25 Prozent von x als 42 oder 45 Prozent von nix«, kalauerte der damalige Finanzminister Steinbrück bei der Einführung dieser Steuer und überspielte so die Resignation des Staates in Sachen Steuergerechtigkeit. Man stelle sich vor, der Staat würde einem schwarzarbeitenden Bauarbeiter Steuernachlass mit dem Satz gewähren: »Besser etwas von wenig als alles von nix.«

Ist Wert Geldwert? Was ist Geld wert?

Was nicht Geld ist, ist nichts wert – so die finanzwirtschaftliche Weisheit. Ein Haus, das sich nicht verkaufen lässt, ist wertlos. Nur der Geldwert zählt. Was sich nicht zu Geld umwandeln lässt, existiert nicht.

Geld hat sich als Mittel zum Zweck verselbständigt.

Mit Geld ist alles machbar. Der Geldmensch träumt Adams paradiesischen Traum:

Sein wie Gott.

Geld ist der neuzeitliche Gottesersatz. Geld ist stärker als alles. Geld rettet uns aus jeder Gefahr. Es ist Alleskönner und Welterlöser.

Für alle Gefahren verspricht Geld Rettung dem, der es hat. Wer Geld hat, kennt bloß eine Sorge: es zu verlieren. Und wähnt sich ansonsten in Sicherheit. Mit ihrem Geld, so glauben sie, finden sie für alle Probleme eine Lösung, auf jede Frage eine Antwort.

Krieg und Katastrophen

Die privilegierten Geldbesitzer versuchen sich aus allen Katastrophen in eine private Arche zu retten. Sie brauchen dazu nicht Noah, sondern nur Geld, immer mehr Geld.

Vor der Zerstörung durch Atombomben sichert der Atombunker (und die dazugehörige Vorratskammer). Vor Erdbeben schützen erschutterungsfeste Häuser, vor Überschwemmungen wasserdichte Gebäude. Die Erderwärmung überstehen sie in Kühlhäusern. Dem Weltuntergang entgehen sie durch rechtzeitige Flucht auf den Mars.

Wer allerdings kein Geld hat, lebt gleichsam nackt, ohne jedwede zivilisatorische Sicherung.

Krankheit

Vor Krankheit rettet die Hochleistungsmedizin den, der die Heilung bezahlen kann.

Ersatzteile liefern im Notfall die Armen mit ihren verwertbaren Körperteilen. Der internationale Organmarkt ist ein florierendes Schwarzmarktgeschäft. Die bevorzugte Transfer-Richtung: von den Elendsquartieren in die Villenviertel.

Für Notfälle, in denen noch keine medizinische Lösung angeboten werden kann, bietet die Hochleistungsmedizin eine Auszeit an, in der das Leben durch Einfrieren überwintern kann. Der Patient bleibt so lange außer Betrieb, bis die Lösung seiner Heilung gefunden ist. Dann wird er wieder »aufgetaut«.

Kriminalität

Vor Diebstahl schützt der gut bezahlte Sicherungsdienst. Amerikanische Wohnviertel für Reiche gleichen gut bewachten Sicherheitsfestungen. Zum Unterschied von Gefängnismauern wird durch die Sicherungsanlagen nicht der Ausbruch verhindert, sondern vor Einbruch geschützt.

Die Isolation der Insassen von Villen und von Gefängnissen ist jedoch vergleichbar: Beide sind inhaftiert.

In den Vereinigten Staaten von Amerika sind mehr Personen in privaten Wachdiensten beschäftigt, als die staatliche Polizei Personal zur Verfügung hat.

Die Professoren, welche die Privatisierung des Staates empfahlen, beklagen heute das Staatsversagen. Und Politiker, die noch vor Kurzem nach der Verschlankung des Staates gerufen haben, schreien heute wieder nach dem Staat. Kommunalpolitiker, die ihre städtischen Einrichtungen, wie beispielsweise Müllabfuhr und Energieversorgung, an Finanzjongleure verscherbelt haben, wollen diese mittlerweile zerknirscht, aber händeringend wieder zurück haben.

Bezahlte Söldner

Auch in vielen Staaten Afrikas vagabundieren mehr private Söldnergruppen, als Soldaten in staatlichen Armeen rekrutiert sind. Das gilt selbst für den von Saddam Hussein befreiten Irak. Viele der einstigen Soldaten sind nach ihrer Entlassung im dunklen privaten Waffengewerbe untergetaucht. Hinzu kommen die Sicherheits-Kompanien, die sich private Firmen aus dem Ausland mitgebracht haben. Und nicht wenige »erwerbslose« ehemalige irakische Soldaten sind inzwischen beim Islamischen Staat untergekommen. Sie haben die Waffen gleich mitgebracht.

»Dienen oder Verdienen«

Auch der Wechsel von der staatsbürgerlichen Wehrpflicht zur bezahlten Berufsarmee ist eine Variante des neoliberalen Paradigmenwechsels, der vom staatlichen Pflichtprogramm zur Privatisierung der *res publica* führt. Öffentliche Angelegenheiten verwandeln sich in private Verdienstquellen.

Nationale Sicherheit wird so zum Geldgeschäft. Der Dienst für die Gemeinschaft wurde vormals vornehmlich durch Achtung für Bürgerpflichten entgolten. Fürs »Dienen« gab's Sold, das war kein Lohn. Der »Dienst« der freiwilligen Soldaten wird dagegen entlohnt wie die Arbeit eines Bäckers oder eines Sachbearbeiters auch. Vom Dienen zum Verdienen, vom Sold zum Lohn – das ist die allgemeine Marschrichtung.

Geld unterwandert alles. Wehrdienst war einst ein Teil der staatsbürgerlichen Dienstpflicht. Man »diente«. Der »freiwillige« Soldat macht dagegen seinen Job. Wehrpflicht oder Ersatzdienst sollte die jungen Staatsbürger daran erinnern, dass der Staat keine Melkmaschine ist, sondern unsere öffentliche Sache: *res publica*.

Schon im amerikanischen Bürgerkrieg konnte der Geldbesitzer einen Stellvertreter ins Feld schicken, den er ausrüstete und bezahlte. Das führte zu Peinlichkeiten, wenn ein Ersatzmann ums Leben kam, während das Original, das er vertrat, es sich zu Hause gut gehen ließ.

Daraufhin wurde die Stellvertretung vom Steuerzahler finanziert. Das anonymisierte den Freikauf, änderte aber nichts an der Veränderung des Soldatenberufs: von der Wehrpflicht zum bezahlten Job.

Im feudalen Zeitalter war der Wehrdienst ein Teil der Lehen. Fürsorge und Treuepflicht waren die zwei Seiten einer Medaille. Die Ablösung der Lehenspflichten durch Geldleistung minderte sowohl Fürsorgepflichten der Herren als auch Treuepflichten der Knechte. Was die Position der Unterworfenen nicht in jedem Fall besserte. Mit den gekauften Söldnern konnte rücksichtsloser umgegangen werden, und Raubritter hatten weniger Hemmungen als Ritter.

Klima

Klimaveränderung? Die gleicht die Klimaanlage aus. Das ist die niedliche Variante.

Die staatliche Variante ist der Klimahandel. Die Befreiung von beschränkenden Umweltvorschriften wurde damit zum amtlichen Geschäft gemacht. Das ist die staatliche organisierte Fluchtalternative zu eigenen Anstrengungen für den Schutz der Umwelt. Man kann sich vom Klimaschutz freikaufen, indem man Kohlendioxidquoten, die zur Freistellung in ärmeren Ländern nicht ausgenutzt wurden, von diesen gegen Geld erwirbt. Eine Hand wäscht die andere. Die einen erhalten Geld, die anderen dürfen sündigen. Das ist auch eine Art öffentlicher Ablasshandel. Wo bleibt der Luther, der diesen Sündenverkauf bloßstellt? »Wenn das Geld im Kasten klingelt die Seele in den Himmel springt.«

Geld enthemmt

Geld sichert uns scheinbar vor jeder Gefahr und bewahrt uns vor allen Nöten. Aber es demontiert auch die Anstands- und Moralbremse, die unser Verhalten davor bewahrt, aus der Kurve getragen zu werden.

Der Harvard-Philosoph Michael Sandel berichtet von dem Experiment eines israelischen Kindergartens, das überall auf der Welt seine Nachahmer finden könnte (Michael Sandel: *Was man für Geld nicht kaufen kann*, 2014, S. 83).

Das Problem, das am Ende eines Kindergartentages vielerorts auftritt, besteht darin, dass die Kinder zwar heimkehrbereit sind, also »abgeholt« werden können und sollen, aber die elterlichen Abholer zu spät kommen. Um diesem Missstand abzuhelfen, führte der von Mandel angeführte Kindergarten eine Geldbuße für verspätetes Abholen ein – in der Erwartung, die Geldzahlung würde zu größerer Pünktlichkeit führen. Doch die Erwartung wurde enttäuscht. Die Eltern kamen nun noch häufiger zu spät zur Abholung und bezahlten stattdessen klaglos für die Verspätung.

Wie lässt sich das erklären? Offenbar hatten die Eltern das Bewusstsein, mit der Geldzahlung sich der Anstandspflicht der Pünktlichkeit entledigt zu haben. So entpuppt sich die Geldzahlung nicht als Stütze der Moral, sondern als ihr Unterminierer.

Ecclestone, der Goldesel als Unschuldslamm

Im Gericht passiert Vergleichbares. Die im Deal vor Gericht ausgehandelte Geldsumme, welche die Verurteilung vermeidet oder die Strafe mildert, stützt nicht das Rechtsbewusstsein, sondern untergräbt es.

Bernie Ecclestone, der »Besitzer« der Formel 1, der sich einer klassischen Bestechung eines Vorstandsmitgliedes der Bayerischen Landesbank schuldig gemacht hatte, verließ erhobenen Hauptes als freier Mann das Gericht, das ein paar Jahre zuvor den Bestochenen zu acht Jahren Gefängnis verurteilt hatte.

So gab es gerichtlich zwar einen Bestochenen, aber keinen Bestecher, obwohl nur einer dafür in Frage kam, nämlich der Geldgeber namens Ecclestone.

Der Richter war derselbe.

Ecclestone legt hundert Millionen Dollar auf den Tisch des Gerichtes. Das bewahrte ihn vor einem Urteil, das selbst als Freispruch schlechter gewesen wäre als das Ende der Prozesse durch den Kuhhandel mit Geld. Die hundert Millionen waren das Ergebnis eines regelrechten Kuhhandels zwischen Angeklagtem und Gericht. Ecclestone soll das Gericht von dreihundert auf hundert Millionen heruntergehandelt haben. Hundert Millionen sind für Ecclestone ein Trinkgeld, weniger als die Zweithäuser und Hochzeiten seiner Töchter gekostet haben.

Das Wunder »Ecclestone« war zustande gekommen, weil das Gericht dem Angeklagten vermeintlich nicht nachweisen konnte, dass er hätte wissen müssen, dass der bestochene Banker als Vorstandsmitglied der BayernLB eine »Amtsperson« war. Der gerissenste aller gerissenen Manager wusste also nicht, was selbst seinem Chauffeur geläufig gewesen sein dürfte, dass ein Landesbankmensch etwas mit dem Staat zu tun hat. Wer's glaubt, wird selig. Aber mit dieser Seligkeit wurde Ecclestone die Gefängniszelle erspart.

Der bestochene Banker hatte dafür gesorgt, dass Ecclestone auch nach einem Verkauf von Formel-1-Anteilen noch Herr des globalen Rennzirkus blieb, mit der er weiter seine Millionen scheffelt, jedenfalls mehr als läppische hundert Millionen Dollar.

Der Richter zeigte eine zu Herzen gehende, rührende, väterliche Besorgtheit um die Zukunft des bemitleidenswerten Angeklagten. Er wünschte ihm am Ende der Verhandlung, dass er ihn nicht mehr im Gerichtssaal, sondern nur noch im Fernsehen sehen werde.

Der Staatsanwalt hatte schon vorher sein Mitgefühl mit dem armen Mann Ecclestone ausgedrückt, dem man in seinem hohen Alter nicht zumuten könne, wöchentlich zur Gerichtssitzung den weiten Weg von London nach München anzutreten.

Staatsanwalt und Richter werden auch in Zukunft zur Formel-1-Zeit fast wöchentlich Ecclestone an den Rennpisten der großen weiten Welt im Fernsehen besichtigen können, zu denen er mit seinem Privat-Jet anreist wie seinerzeit zu den Gerichtsverhandlungen.

Was ist Normalität?

Jetzt ist Ecclestone gegen jede gerichtliche Nachstellung gefeit. Ein Freispruch hätte immerhin durch Revision wieder in Frage gestellt werden können. Die Geldzahlung ist dagegen eine »bombensichere« endgültige Abrechnung.

Danach empfehle ich Justitia, ihre Ausstattung zu wechseln. Statt Waage und Schwert soll sie jetzt den Geldbeutel in die eine Hand nehmen und die andere Hand dem Angeklagten entgegenhalten, um dessen Spende anzunehmen.

Geldzahlungen vor Gericht wirken wie ein Preis für eine vollbrachte Serviceleistung. Der Deal, der Gerichte vor Massenandrang durch Kleinkriminalität entlasten sollte, ist mittlerweile eine Art Maut geworden, mit deren Hilfe Geldbesitzer Gerichtsurteile umgehen können. Recht verliert damit jeden Bezug zur Norm, welche der Maßstab der Normalität einer Gesellschaft ist.

Auch eine Gebühr für staatliche Leistung und Bußgeld für Verstöße gegen Recht und Ordnung sind im Rechtsbewusstsein inzwischen gleichwertig. Mit der Zahlung eines Bußgeldes z.B. wegen Verstoßes gegen das Gesetz über Parteienfinanzierung ist jedoch der Verstoß nicht ungeschehen gemacht.

Gebühr als Preis für eine Leistung und Geldbuße als Wiedergutmachung für Rechtsverstöße werden unter dem »Glanz des Geldes« ihrer spezifischen Funktion entkleidet.

Geld ist Geld: Seine Qualität wird allein durch seine Quantität bestimmt. Wenn die Parkplatzgebühr höher ist als das Bußgeld, empfiehlt es sich nach den Regeln der Kosten-Nutzen-Analyse, dem Bußgeld den Vorzug zu geben und den Wagen im Parkverbot stehen zu lassen. Auch in diesem Fall unterminiert das Geld die Moral des Rechtes. Bußgeld kennzeichnet eine Handlung als »falsch«. Gebühr ist Geld für eine Leistung, »die richtig« ist. So schwindet mit Hilfe des Geldes die Differenz zwischen Falsch und Richtig.

Was treibt das Geld?

Geld, das gute alte Tauschmittel, das die Menschheit aus der Enge der Naturalwirtschaft befreite und den Handel über Sippen- und Stammesgrenzen hinaus beförderte, entwickelt sich über seine ursprüngliche Dienst-Funktion, nämlich den Warentausch zu erleichtern, hinaus und wird zum Bereicherungsautomaten.

Der Tausch erweiterte einst die Horizonte und machte Handel leichter. Auf dem Finanzmarkt findet ein Insiderspiel statt, das seine Beziehungen zu Gütern und Dienstleistungen verloren hat. Die Sonne des Geldes dreht sich um sich selbst und wärmt kein anderes Gestirn. Das herkömmliche Sozialprodukt – also die Menge der Güter und Dienstleistungen – und die globalen Finanzmittel haben nichts mehr miteinander zu tun.

Das Geld ist den Gütern davongelaufen, und niemand weiß mehr, wie viel es ist.

Der Geldhandel verwandelt sich in Geldgier, und die schafft sich eine eigene virtuelle Welt, in der das Geld sich vermehrt, indem es mit sich spielt. Geldgier, die alles »versilbern« will und im Geldwert den einzigen Wert erkennt, befreit sich von allen Bindungen. Geldgier verseucht Herz und Hirn. Geld verspricht Reichtum ohne Anstrengung. Geld schafft sogar Geld. Geld, so wird behauptet, macht etwas, von dem wir glaubten, dass nur wir es tun würden: »Geld arbeitet.«

Porsche schaffte in einem Jahr mehr Gewinn als Umsatz. Nicht wegen des Autoverkaufs. Es waren die Geldgeschäfte, die den Gewinn über die Umsatzerlöse trieben. Spekulation wird attraktiver als Produktion. Wertschöpfung verschwindet hinter dem Bluff des Geldes.

Die Bewertung eines Unternehmens unterliegt einem fundamentalen Kriterienwechsel. Früher war der Gewinn der Maßstab der Wertschätzung. Jetzt heißt das entscheidende Kriterium »cash«.

Firmen werden nach »cash« bewertet. Das ist ein liquider Geldwert und unterscheidet sich dadurch vom altehrwürdigen Gewinn, dass er nichts mit Nachhaltigkeit zu tun hat. Während nämlich im Gewinn mit Hilfe der Abschreibungen, die den Bruttogewinn mindern, die Sorge für das Weiterleben durch Investitionen eingebaut ist, ist »cash« der Geldwert pur – also bindungslos.

Im Kern der neuen Unternehmensphilosophie steht nicht Arbeit und Wertschöpfung, sondern wie viel Geld man mit dem jeweiligen Unternehmen machen kann.

Früher war die Dividende der Maßstab für Anleger. Heute ist es der Börsenkurs für Händler. Das signalisiert den Bedeutungswechsel vom Anleger zum Händler. Der Anleger, der auf Dividende achtet, identifiziert sich mit dem Unternehmen. Der Börsianer ist dagegen ein Händler, für den das Unternehmen lediglich Mittel zum Zweck seiner Spekulation ist.

Die Börse ist ein permanentes Wettspiel.

Ist der Börsenwert niedriger als der geschätzte reale Wert des Unternehmens, droht eine Übernahme. Soll die Übernahme verhindert werden, muss der Aktienkurs nach oben getrieben werden. Dafür gibt es ein todsicheres Verfahren: Entlassungen! Die werden von den Börsianern gern gesehen. Sie treiben den Kurs nach oben. »Entlassungsproduktivität« nennen das die zynischen Fachleute. Das Wort brachte es vor Jahren zum Unwort des Jahres.

Im Wechsel vom Anleger zum Händler kündigt sich der Niedergang des Eigentums an.

Hochfrequenzhandel

Geld betreibt ein autistisches Spiel, in dem sogar der Mensch gänzlich verschwindet. Im Hochfrequenzhandel an der Börse spielt das Geld mit sich selbst, ohne dass auch nur eine Menschenhand einen Finger rührt.

Das Geldspiel nähert sich der Magie. Kursstürze ergeben sich im Hochfrequenzhandel, ohne dass ein Menschenhirn sie erklären kann. Die »Maschinen« des Hochfrequenzhandels mussten zeitweise abgestellt werden, weil sonst die Börsenmaschine außer Rand und Band geraten wäre. Die Händler kannten wie Goethes Zauberlehrling das Stichwort nicht, das den Kurssturz außer Betrieb setzte.

In der Schnelligkeit des Geldspiels im Hochfrequenzhandel verliert die Aktie jede Verwandtschaft mit dem Eigentum. Die Eigentümer können dem Tempo, in dem ihr Eigentum wechselt, gar nicht mehr folgen. Es handelt sich um Millisekunden. »Leasen« wird wichtiger als besitzen. Die Verfechter des Privateigentums lassen die Idee des Eigentums im Stich.

Die Magie des Geldes

Wir sind unbemerkt in ein neues magisches Zeitalter eingetreten. Wir machen Sachen, die wir nicht verstehen. Wir
handeln mit Mitteln, die wir nicht beherrschen. Die Entsorgung der Atomkraftwerke z.B. ist bis heute nicht gelöst.
Tschernobyl wird noch zwanzigtausend Jahre strahlen – so
lange, wie seit dem Maximum der letzten Eiszeit bis heute
vergangen ist. Die Atomindustrie handelt also auf Verdacht,
dass nachfolgende Generationen das Problem meistern.

Nach uns die Sintflut.

Auf der Höhe des Fortschritts, auf dem wir vermeintlich
angekommen sind, nähert sich die Wirtschaft den numinö-
sen Verhältnissen, die wir aus der grauen Vorzeit kennen. Damals wähnten sich die Menschen von unbekannten Mächten
gelenkt. Sie hofften durch Beschwörung, diese ominösen
Mächte gefügig zu machen. An die Stelle der Beschwörung
setzte die moderne aufgeklärte Welt auf Naturbeherrschung.

Nun machen wir die Kehrtwende. In der Finanzwelt gilt
wieder Beschwörung. Keiner ihrer Hohepriester hat die
letzte große Finanzkrise kommen sehen. Selbst der talk-
showdauererprobte Professor Hans-Werner Sinn, nach Meinung von *Bild* der Klügste aller Finanzgelehrten, sah das Desaster nicht kommen.

Geldwirtschaft wird Zauberei. Die Zauberer verkleiden
sich als Rationalisten, sie bleiben aber Hexer. Finanzexper-
ten werden Magier. Geld ist eine magische Versuchung.

Jetzt, nachdem die Krise scheinbar überstanden ist, ertei-
len uns die versammelten Gelehrten wieder ihre Ratschläge.
Sie benehmen sich wie Fahrer, die nach einem selbstver-
schuldeten Unfall aus dem Auto aussteigen und sich als
Fahrlehrer anpreisen.

Leben – ein Geldgeschäft

Alles gerät in den Bann des Geldes. Geld verspricht das Schönste und Heiligste. Leben, Tod und Liebe geraten in seinen Bann. Geld übernimmt jetzt Funktionen, für die einst Gott zuständig war. Selbst das Leben wird zur Geldsache.

Das Leben wird schon von der ersten Sekunde an käuflich. Kaufkraft bestimmt die Lebenschance schon vorgeburtlich. Auch die Gebärmutter hat einen Kaufpreis. Eine Leihmutter ist z.B. in Indien für 6 250 Dollar zu haben. Das Projekt »Geburt ohne Eltern« wird weiter getrieben. Weibliche Eizelle und männlicher Samen können bestellt, geliefert und in entsprechenden Werkstätten fusioniert werden. Das »gewünschte Kind« samt den gewünschten Eigenschaften wird von Gen-Fabriken zusammengestellt und produziert. Wie jetzt schon Autos, bevor sie vom Band laufen, bestellt werden können und dabei alle individuellen Wünsche in den Kaufvertrag einprogrammiert werden, von der Lackfarbe bis zu exquisiten Sonderwünschen, die den Komfort betreffen, so kann auch ein Kind mit variablen Konditionen, je nach Geschmack, geordert werden.

Zur Auswahl auf der elterlichen Bestellliste für das Kind stehen Geschlecht, Intelligenz, Aussehen etc. Extras sind mit erheblichen Preisaufschlägen lieferbar. Der Mensch als Wunsch ist machbar, wenn er zuvor bezahlt wird.

Findige Schnäppchenjäger werden auch hier Sonderangebote finden und nutzen: »Winterfeste Kinder, tief gebräunt, mit sportlicher Sonderausstattung gegen Sturzgefahr und musischen Talenten.« Kinder mit ungewöhnlichen Begabungen sind als originelle Sonderposten besonders begehrt und im Winterschlussverkauf mit Rabatt zu haben.

Wahrscheinlich wird auch die Versicherungswirtschaft sich ins neue Kindergeschäft einklinken und Policen gegen mögliche zukünftige Schadensersatzklagen von Kindern gegen ihre Eltern anbieten. Denn es könnte passieren, dass Kinder mit der früheren Auswahl, die ihre Eltern getroffen haben, nicht einverstanden sind und sich z.B. andere Begabungen oder gar ein anderes Geschlecht wünschen, als ihre Eltern bestellt haben.

Vom Glück der Geburt, den Ungewissheiten, die jeden Anfang begleiten, den Überraschungen des Lebens bleibt vor dem Ansturm des Geldes nichts mehr verschont.

Liebe – ein Geldgeschäft

Die Liebe ist nach alten romantischen Vorstellungen am weitesten vom Geschäft entfernt. Im inneren Herrschaftsgebiet der Liebe hat Geld nichts verloren. Die großen Liebenden Romeo und Julia, Tristan und Isolde, Abälard und Heloïse jedenfalls verschwendeten keinen Liebesgedanken ans Geld. Das ist jetzt ganz anders. Auch die »Eheanbahnung« ist zum Geschäftssektor verkommen. Moderne Ehen sind das Ergebnis einer Kosten-Nutzen-Analyse. Die zukünftigen Ehepartner suchen und finden sich online. Aus den angebotenen Partnerprofilen bastels man sich den oder die TraumpartnerIn.

Ehen werden auf Internetportalen angebahnt, in denen die Kunden mit ökonomischen Kennziffern für sich werben. Eine neureiche russische Oligarchin pries sich im Internet mit dem Besitz ihrer Autos Bentley, Mercedes Sportwagen und Hummer sowie ihrer Immobilien in Monaco, Mallorca, Moskau und ihres Penthauses in Miami an. Ein westlicher

Nachfrager ließ sich das Schnäppchen nicht entgehen, griff zu. Er verließ Hals über Kopf Ehefrau und drei kleine Kinder, um sich der Pflege seiner neuen Anlage zu widmen. Wichtig auf dem Heiratsmarkt sind vor allem die Besitztümer, die der/die »Geliebte« ins Ehegeschäft einbringt.

Die Heiratsanzeigen, welche auf der Höhe der Zeit sind, zeigen nicht das Lichtbild der Liebesuchenden, sondern das Foto ihrer Liegenschaften. Was früher ein »Aufgebot« war, das am Standesamt aufgehängt wurde, ist heute ein Besitzangebot, das den Ehenachfragern zugestellt wird.

Das Subjekt der Liebe ist lediglich der Kleiderbügel seiner Habseligkeiten. Es zählt nicht, was jemand ist, sondern, was er hat.

Liebe, Tod und Leben: Selbst die intimsten Eigentlichkeiten des Menschen sind unter die Dominanz des Geldes geraten, das freilich seinen Totalitarismus unter tausend Masken versteckt hat. Eine von vielen ist die unwiderlegbare Rationalität der Kalkulation.

Tod – ein Geldgeschäft

Auch auf der Gegenseite des Lebens, auf der Seite des Todes, hat sich das Geld breitgemacht und zertrümmert dort das unsere Humanität schützende Tabu, nämlich das Tabu, dass mit dem Tod keine Geldspiele getrieben werden dürfen.

Todkranke verkaufen ihre Lebensversicherungen zu einem günstigen Preis an einen Spekulanten. Die USA ist der Vorreiter dieses Geschäftes. Wenn der Verkäufer wie geplant frühzeitig stirbt, erhält der Käufer die volle Prämie. Der Verkäufer genießt das Geld auf seinen letzten Tagen. Wenn der Todeskandidat länger lebt, hat der Käufer den Kürzeren gezogen und die Wette verloren. Er zahlt dann die Prämie bis zum bitteren Ende des Verkäufertodes. Das ist eine Wette auf den Tod.

Ford: Geld oder das Leben

Der neue Wert des Lebens ist das Ergebnis kühler Kalkulation.

Vor vielen Jahren baute Ford ein Auto, dem er den schönen Namen »Pinto« gab. Das Auto war ein Verkaufsrenner. Leider hatte es den kleinen Makel, bei Unfällen dank fehlerhafter Tankaufhängung leicht in Flammen aufzugehen.

Ford stand vor der Frage, eine große Rückrufaktion einzuleiten und den Fehler zu korrigieren oder sich auf die Zahlung von Schadenersatz für Tote und Verletzte einzulassen. Die Kosten der Rückrufaktion für den Pinto wurden auf 137,5 Millionen geschätzt (12,5 Millionen Autos mal je elf Dollar Kosten pro Auto).

Und der Schadenersatz? Die Entschädigung für 180 angenommene Tote (200 000 Dollar pro Toter), für 180 Brandverletzte (67 000 Dollar) und 2 100 ausgebrannte Autos zu je 700 Dollar – das ergab rein rechnerisch eine Schadenssumme von 49 530 000 Dollar.

Dreimal darf geraten werden, welche Alternative gewählt wurde. Richtig: Die Entschädigung war billiger! Das gab den Ausschlag gegen den Rückruf.

Ähnlich argumentierte der Zigarettenhersteller Philip Morris gegen eine Steuererhöhung auf Tabakwaren. Die errechnete Einnahmeverbesserung sei doch geringer als die Kostenersparnis, die sich durch eine kürzere Lebenserwartung bei Rauchern ergäbe. Lungenkrebs erspart der staatlichen Rentenversicherung mehr Geld, als eine Steuererhöhung Geld in der Staatskasse klingeln lässt.

Morris scheiterte an der Entrüstung der Öffentlichkeit, von der die Morris-Manager offen vorauseilend angenommen hatten, die sei bereits so degeneriert wie sie selbst.

Profit – sonst nichts!

Milton Friedman, der »Papst« des modernen Neoliberalismus, hatte einst die Parole ausgegeben, die Aufgabe der Unternehmen sei es, Profit zu machen, sonst nichts. Seine Jünger haben diese Häresie zur einzig geltenden Glaubenswahrheit dogmatisiert und anschließend totalisiert. Sie gilt jetzt: *urbi et orbi*.

VW hat zur Umsetzung dieser Parole sogar die Abkürzung des Weges über Betrug genommen.

Die VW-Manager hatten offenbar die Besinnung verloren. Bereits das kleinste Anstandsgefühl hätte ihnen raten können, dass »man« so etwas wie Abgasmanipulationen nicht macht. Niemand will etwas von den Betrügereien gewusst haben. Und die es gewusst haben, bewahrten es in ihrem Herzen.

Der Betrug begann schon vor über zehn Jahren, wie man jetzt weiß, im Jahre 2005, und wurde vom Schweigen begleitet. Martin Winterkorn, der Perfektionist und Alleswissende, wollte offenbar gar nicht alles wissen, und die, die es wussten, wussten offenbar, dass er nicht alles wissen wollte. Der Mann, der mit dem Zollstock durch die Hallen der Automobilmessen wanderte und auf dem VW-Stand die Fugenabstände im Türrahmen maß, wusste nicht, was unter der Motorhaube geschieht?

Als der Markenchef Wolfgang Bernhard und der Motorenchef Rudolf Krebs darauf aufmerksam gemacht haben sollen, dass man mit dem sogenannten AdBlue-System sicherer durch die amerikanischen Abgaskontrollen komme, weil es die gefährlichen Stickoxide unschädlich mache, liefen sie gegen die Wand der Kostenrechner. Das kleine besondere Motorteil war 300 Euro teurer. Man entschied sich für die billigere Variante, nämlich die der Manipulation.

Die Entscheidung ist also nicht vom Himmel gefallen und die Manipulationstechnik nicht klammheimlich in die Dieselmotoren eingeschmuggelt worden. Sie ist das Ergebnis einer schwerwiegenden, sorgsamen Abwägung, denn solche Entscheidungen sind nicht das Ergebnis einer Nacht und werden nicht aus dem Handgelenk geschüttelt. Von all dem haben VW-Bosse nie etwas gewusst?

Wer das glaubt, zieht seine Unterhosen mit der Beißzange an.

Inzwischen können die Beißzangen weggelassen werden. Nach einer Notiz von VW-Manager Bernd Gottweis, die jetzt bekannt wurde, soll Konzernchef Martin Winterkorn schon eineinviertel Jahre, bevor der Skandal publik wurde, davon unterrichtet worden sein, dass bei Messungen die Stickstoffwerte bei Dieselmotoren die in den USA zulässigen Grenzwerte um das 35fache überschritten hätten. Profit verführt anscheinend zum Gedächtnisschwund.

Für den neuen VW-Chef Matthias Müller ist das Versagen von VW kein moralisches Problem, sondern ein technisches, wie er am Rande der amerikanischen Automobilmesse einem Reporter ins Mikrophon sagte. Haben diese Manager immer noch nicht kapiert, dass Betrug kein technischer Defekt, sondern ein moralischer Fehler ist?

Wie sich die Bilder gleichen

Der Libor-Skandal der Deutschen Bank, eine Währungsmanipulation, durch die weltweit Billionen verschoben wurden, geschah angeblich auch ohne Wissen der Vorstände und soll das Werk von Angestellten der mittleren Ebene gewesen sein.

Vorstände bei der Deutschen Bank kümmern sich nach dieser Version offenbar mehr um die Arbeit des Hausmeisters als um die Geschäfte mit dem »großen Geld«, mit dem sie ihr eigenes Geld verdienen.

Die Täter, denen der Skandal in die Schuhe geschoben worden war, wurden pflichtschuldigst entlassen. Sie wehrten sich allerdings erfolgreich beim Arbeitsgericht in Frankfurt am Main mit einer Klage auf Wiedereinstellung, der das Gericht statt- und den Angestellten recht gab. Das war eine Blamage für die Bankbosse und »Not am Mann«. Also wurde der Vorstand vom Aufsichtsrat zur Gegenklage aufgefordert. Was geschah? Die Verlegenheit stieg, löste sich jedoch ein paar Tage vor der erneuten Verhandlung auf. Das bevorstehende Urteil wurde durch einen überraschenden Vergleich zwischen Tätern – den wirklichen und den vorgeschickten – aus dem Weg geräumt, noch bevor es überhaupt gefällt werden konnte. Unter Ganoven nannte man früher so etwas Schweigegeld.

So rettet die Gewalt des Geldes das Geld vor der Gewalt des Rechtes.

Der Abstieg

Der Niedergang der Deutschen Bank wird von dem Anstieg der »Entlohnungen« für ihr Spitzenpersonal begleitet. Paul Achleitner, der Vorsitzende des Aufsichtsrates, strich für das

Jahr 2014 stolze 818 548 Euro ein. Im Jahr davor waren es »nur« 645 833 Euro gewesen. Insgesamt erhielten die Mitglieder des Aufsichtsrates der Deutschen Bank für ihre Tätigkeit 4 588 710 Euro im Jahr 2014. Das waren 700 000 Euro mehr als im Vorjahr. Vergleichbare Einkommenssteigerungen bei den Lohnempfängern sind mir nicht bekannt. Es muss sich also um außergewöhnliche Leistungssteigerungen handeln, die eine solche Einkommenssteigerung rechtfertigen könnte.

Aber welche?

Die Deutsche Bank erlebte 2015 jedenfalls ein riesiges Desaster. Für das dritte Quartal wurde ein Verlust von sechs Milliarden Euro festgestellt. Das also ist das Ergebnis des so hochgelobten Führungspersonals einer Bank, deren Fehler mit Einkommenserhöhungen belohnt werden.

Die Fehlentscheidungen liegen nicht im Dunkeln, sondern lassen sich benennen. Die Bank 24 z.B., die Direktbanktochter der Deutschen Bank, war im Ergebnis nichts weiter als ein Programm zur Verbrennung von Kundengeld. Die Jongleure des Investmentbanking kassierten Mammutboni für Maxiverluste.

Josef Ackermann wurde zum Finanzguru und Regierungsberater, wie er jedermann wissen ließ. Stolz brüstete er sich damit und erzählte es überall weiter, dass die Kanzlerin ihm sogar ein Geburtstagsessen gegeben habe.

Bürgerliche Wirtschaftsgrößen ließen sich einst gerne vor Bücherwänden abbilden. Sie kompensierten damit ihre bürgerlichen Minderwertigkeitskomplexe gegenüber den gebildeten Schichten. Die neuen Manager schmücken sich mit anderen Statussymbolen. Fitness und Kontakte mit Mächtigen gehören dazu.

Ackermanns Nachfolger Anshu Jain und Jürgen Fitschen verkündeten einen Kulturwandel, was jedoch eher mit dem bekannten Trick des Diebes aus dem Märchen von *Tausend-undeiner Nacht* vergleichbar war, der seine Verfolger mit dem Ruf ablenkte: »Haltet den Dieb!«, sodass die Verfolger den eigentlichen Dieb für einen der ihren hielten.

Die Zeche zahlen Kunden und Mitarbeiter. Deren Zahl wird von 86 000 auf 66 000 verringert. 6 000 Stellen gehen bei externen Dienstleistern verloren.

Ackermann, Achleitner, Jain und Fitschen wird das nicht jucken. Sie kommen ungeschoren davon.

Fußball – ein Geldgeschäft

Die FIFA ist ein Geldgeschäft, in dem der Ball nur die Rolle einer Reliquie spielt, mit dem die Gläubigen einer überlieferten Religion ihre alten Erinnerungen an fromme Zeiten am Leben erhalten.

An die Unschuld von Sepp Blatter glaubt nur noch er selber. Aber der langjährige FIFA-Präsident ist kein Unikat, sondern das Symbol einer Sportwelt, in der Fußballspieler für hundert Millionen gekauft und mit Preisaufschlag später verhökert werden. Fußballvereine, bei denen es ursprünglich um Fußballspielen ging, sind Objekt von Geldspielen, in den russische Oligarchen ihr Schwarzgeld waschen.

Es ist nach allen Skandalen keine Besserung in Sicht.

Michel Platini, einstiger Nachfolgekandidat für Blatter, ist von dem mit zwei Millionen Schweizer Franken bezahlt worden, die er als Honorar für Beraterdienste zwischen 1999 und 2002 angibt. Die Auszahlung erfolgte allerdings erst 2011.

Auf die Frage, warum das Geld erst nach so langer Zeit geflossen sei, versicherten beide, dass sie das ausstehende Honorar vergessen hätten. Das ist ungefähr so plausibel, als hätte Platini als Spieler die Ausführung eines Elfmeters vergessen. Nicht vergessen sollte man, dass die Zahlung just in dem Zeitraum stattfand, in der Blatters Wiederwahl als FIFA-Präsident anstand und Platini als Chef der UEFA ihm in die Quere hätte kommen können. Mit Geld kann man offenbar manches schmerzlos lösen, was in früheren finsteren Zeiten mit Gift geklärt wurde.

Wieso das Ganze aufflog?

Vielleicht wollte Blatter Platini als seinen Nachfolger verhindern – auch auf die Gefahr, selbst dabei mit beschädigt zu werden. »Nach mir die Sintflut« ist auch ein Mafia-Maxime.

Inzwischen sind beide »außer« Betrieb.

Die Fußballfunktionäre hierzulande waren kleinlaut. Die sieben Schwaben waren auf der Hasenjagd mutiger als die Spitze des Deutschen Fußballbundes.

Geschäft ist Geschäft und Geschäft geht vor Sport.

Immerhin verdient Platinis Sohn Laurent an der Weltmeisterschaft in Katar, für die sein Vater gestimmt hat, gut mit Marketinggeschäften für eine katarische Staatsfirma.

Manus manum lavat. Auf Rheinisch lautet der Glaubenssatz: »Mir kenne uns, mir helfe uns.«

Das ist freilich die liebenswerte Verschlüsselung rheinischer Mauscheleien, die gegenüber den Geschäften der Fußball-Mafia sich anhören wie das Rauschen eines Gebirgsbächleins anstelle des Brausens der Niagarafälle.

Inzwischen hat sich die Blatter-Affäre zum FIFA-Skandal gemausert, und der DFB hat seine Unschuld ebenso verloren. Das ganze Sommermärchen der Fußball-Weltmeisterschaft 2006 ist mit Geld verschmuddelt. Wir sind auf einen Geld-Bluff hereingefallen.

Von dem großen FIFA-Imperium verbleiben nur die vermoderten Reste eines Korruptionsapparates.

Zu Sepp Herbergers unvergesslichen Weisheiten zählt der Spruch: »Der Ball ist rund.« Damit meinte der gute Mann nicht einen Geldklumpen.

Staatliche Räuberbanden

Die Armut hat viele Quellen, in denen sich Habgier, religiöser Fanatismus, ideologischer Starrsinn und barbarische Zerstörungsfreude mischen. Sie sind allesamt vom Geld verseucht.

Während es sich im FIFA-Geschäft um die private Bereicherung von Funktionären handelt, dreht es sich andernorts um staatlich organisierte Ausbeutung und Betrug. »Was anderes sind also Reiche, wenn ihnen Gerechtigkeit fehlt, als große Räuberbanden?" rief einst der Kirchenlehrer Augustinus in den Wirren am Ende des römischen Imperiums aus. Mit diesem Maßstab lässt sich feststellen, dass viele Staaten der Erde von Räuberbanden regiert werden.

In Zentralafrika tobt ein offenbar nie endender Krieg. Es geht im Kongo um fünf Bodenschätze: Coltan, Diamanten, Kupfer, Kobalt und Gold.

Im Nahen Osten geht es um Öl und Gas.

Gegen die Besitzer dieser Geldquellen ist kein Kraut gewachsen. Selbst eine Armee kann das Geldgeschäft nicht verderben. Im Gegenteil: Bezahlte Söldner ersetzen staatliche Armeen und beteiligen sich am Geschäft.

Hunger: Schicksal oder Geschick

Hunger: Das ist die eindeutigste Art der Armut. Unterernährung ist in vierzig Ländern der Erde die häufigste Todesursache. Das ist kein göttliches Schicksal, sondern menschliches Geschick.

Im privilegierten Teil der Welt sterben die Leute, weil sie zu fett sind. Im armen, weil sie zu mager sind. Fettsucht auf der einen Seite, Magersucht auf der anderen sind zwei Todesursachen auf der einen Welt. Die Einen machen Abmagerungskuren, die anderen verhungern. Mehr Schizophrenie geht nicht mehr.

Die Preise für Grundnahrungsmittel steigen mit der Zuverlässigkeit eines Uhrwerkes. 2011 waren die Rohstoffe der Ernährung im Durchschnitt doppelt so teuer wie zehn Jahre zuvor. Vom Preisanstieg haben allerdings die Bauern am wenigsten erhalten und die Spekulanten das Meiste. Die Preise jedenfalls klettern hoch und die Not von Bauern nahm zu. Das fällt in den armen Ländern besonders ins Gewicht, weil die dortige Bevölkerung den größten Teil ihres Einkommens für Nahrung ausgibt.

»Was dem einen sein Brot, ist dem anderen sein Tod.« Die einen verdienen zu viel Geld, die anderen zu wenig zum Essen.

Das Geldspiel mit dem Tod feiert an den Börsen mit den Agrarspekulationen seinen makabren Boom.

Die um den Erdball vagabundierenden Finanzmittel suchen immer neue Zeit Landeplätze, auf denen sie sich niederlassen können. Irgendwann entdeckten sie auch den Agrarsektor als noch jungfräuliches Land, das auf seine Beschlagnahmung wartete.

Mehr als 400 Milliarden Dollar haben die Spekulanten des Todes bis Ende 2011 in Wertpapieren angelegt, die auf den

Anstieg der Preise für Ernährungsrohstoffe setzten. Das war eine Todeswette. Außerhalb der Börse waren nochmal 600 Milliarden Dollar im Geschäft. Mehr als mit Öl und Gas lässt sich neuerdings mit Nahrungsrohstoffen Geld machen.

Die Favoriten der Bereicherung wechseln also von der Energie zu den Nahrungsmittelrohstoffen. Sie zerstörten in kurzer Zeit die Selbstversorgungskräfte der traditionellen Landwirtschaft. An ihre Stelle traten die Agrarkonzerne. Ausgerechnet die Marktwirtschaftler zerstörten den Agrarmarkt.

Die Landnahme der Agrarkonzerne erzeugt monopolartige Strukturen auf den Weltmärkten, gegen die die Bauern machtlos sind. USA und Europäische Union fluteten die Entwicklungsländer mit Nahrungsmittelexporten zu Billigpreisen und nahmen so der heimischen Landwirtschaft die Luft zum Überleben. Was als hilfreiche Hand ausgestreckt ist, greift den Bauern oft nicht unter die Arme, sondern an die Gurgel.

Was eigentlich als Nahrung hungrige Mägen füllen sollte, füllt, zu als Biosprit verarbeitet, jetzt Benzintanks. Die Nachfrage nach Biosprit machte den Getreidepreis teurer.

Noch vor zwanzig Jahren folgten die Agrarpreise den Wetteraussichten. Bei schlechtem Wetter Preisanstieg. Heute ist es der Bildschirm der Analysten, welche die Tarife für Nahrungspreise angibt. Die neuen Fundamentaldaten der Welternährung sind die Meldungen von den Agrarbörsen.

Goldman Sachs, bis dahin als Investmentbank bloß auf angestammten Spekulationsfeldern zuhause, entdeckte als erste Großbank die Geldquelle »Agrarspekulation«. Als die Internet- und Immobilienblase geplatzt war, wurden andere Dumme gesucht, die in die Falle der Börsenspekulanten gingen. Ungerufen gerieten die Äcker und Felder der Armen, auf denen diese sich bis dahin mit Subsistenzwirtschaft mehr recht als schlecht am Leben gehalten hatten, ins Visier der Finanzindustrie. Den armen Kleinbauern wurde ihr Land unterm Hintern weggezogen. Es wurde aufgekauft.

Wetten statt Weizen

Es geht bei dem neuen Geldspiel nicht um Nahrungsbeschaffung, sondern nur um neue Quellen der Geldvermehrung.

Natürlich hatte auch die Deutsche Bank ihre Hände im Spiel, als nach der Deregulierung jedwede Hemmungen im weltweiten Investitionsgeschäft gefallen waren, die bis dahin noch die Bauern vor den geldhungrigen Bankern geschützt hatte.

Früher wurde das Land mit Soldaten und Kanonen erobert. Heute geschieht das unblutig mit Geld.

Agrarkonzerne kaufen ganze Regionen auf. »Land Grabbing« ist der Begriff dafür. Rund 200 Millionen Hektar wurden schätzungsweise zwischen 2006 und 2011 von Agrarkonzernen in anderen Staaten aufgekauft. Oxfam berichtet, dass im Zuge der Landnahme zwischen 2001 und 2010 eine Fläche von der achtfachen Größe Großbritanniens an ausländische Großinvestoren verkauft oder verpachtet wurde.

Migration ist Vertreibung

Der Großteil dieser Landflächen liegt in Afrika. Die Landkäufer stammen zum Großteil aus der Branche der Biotechnologie und dem Finanzwesen. Biosprit ersetzt das Öl. Land wird so immer stärker zum Spekulationsobjekt. Das um den Erdball streunende Geld sucht Futterplätze. Ein Sektor nach dem anderen wird abgegrast. Nachdem die Geldbeschaffungsmaschinen zuletzt die Sozialversicherungen mit Hilfe von Privatisierungen ramponiert hatten, wofür u.a. die Riester-Rente ein Vehikel war, ist jetzt das Ackerland dran. Die Bauern werden vertrieben und liefern so den Nachschub für die Migration, die bei Licht betrachtet keine Auswanderung ist, sondern Vertreibung.

Die kleinen Bauern, die einst von ihrem Land lebten, vegetieren jetzt in Flüchtlingslagern oder in städtischen Slums. Oder sie kommen zu uns, riskieren Leib und Leben bei der Flucht übers Mittelmeer.

So viele Auffanglager kann kein Staat bieten, wie das Geld Menschen aus ihrer angestammten Heimat vertreibt.

Der globale Agrarmarkt verändert die Welt. Er forciert und stabilisiert die Klassenbildung. Oben die Feinschmeckernkultur für Satte, unten die Suppenküche für Hungrige. Oben kann jeder alles haben, was er verzehren will, was zuviel ist, schmeißt er weg, und das ist noch mehr, als das, was die Unteren zum Überleben brauchen.

Früher freuten sich Kinder auf den Beginn der Erdbeerzeit. Für mich war der Beginn der Himmel und das Ende die jährliche Vertreibung aus dem Erdbeerparadies. Erwachsenen ging es mit dem Spargelessen genauso. Heute hat sich der Verzehr von Lebensmittel vom Rhythmus der Natur emanzipiert. Alles ist jederzeit verfügbar. Ist das der Traum der Feinschmecker? Dafür müssen allerdings gigantische Transportkapazitäten und der dazugehörigen Logistik aufgebaut werden. Lebensmittel werden verschifft, geflogen und rund um die Welt gefahren. Das kostet Energie, belastet die Umwelt und macht Lebensmittel teurer. Die Armen bleiben derweil die lokalen Hungerleider. Dagegen kämpft die regionale Küche an, die kocht was die Region zu jeder Jahreszeit auf den Tisch bringt.

Sozialversicherung

Die Kapitalisierung der Alterssicherung mit Hilfe der Riesterrente ist ein weiterer Schritt, alle Lebensbereiche, also auch die sozialstaatlichen an die Finanzwirtschaft anzukoppeln und sie so dem Regime des Geldes zu unterwerfen. »Bild war dabei«, zusammen mit der Allianz den Rufmord an der Rentenversicherung zu organisieren.

Ich war für diese Kampagne zur Teilprivatisierung der Renten von der *Bild*-Zeitung zur Vogelscheuche auserkoren worden, die vom Vertrauen in die Rentenversicherung abschrecken sollte. Schließlich wurde die gute alte Rentenversicherung schlecht geredet, damit die Kunden schneller in die Scheunen der Privatversicherung getrieben werden konnten.

»Die Rente ist sicher« wurde lächerlich gemacht. Jeder, der bis fünf zählen konnte, durfte an mir sein Beinchen heben.

Deshalb wurde Blüm von *Bild* zum »Rentenbetrüger« ausstaffiert und wurden Interviews mit mir als »Verhör« angekündigt. Die Kriminalisierung von Blüm sollte der Ruinierung der Rentenversicherung die Bahn ebnen. Alles zur »höheren Ehre« und für die dazugehörigen höheren Einnahmen der Privatversicherung, mit der *Bild* ihr Geschäft machte.

Bild begleitete redaktionell die Anzeigenserie von Allianz. »Klar, wer mit *Bild*-t-online kooperiert, der ist auch in der *Bild*-Zeitung zu lesen – und zwar nicht nur als Anzeige, sondern – wie es sich für eine Kooperation gehört – rundum.« Diese Ermunterung bekamen im August 2005 die Allianz-Vertreter mit auf ihren Weg, um Kunden einzutreiben.

Die Fusion zwischen Anzeigegeschäft und Journalismus funktionierte perfekt, und kein Hahn, der sich um Pressefreiheit kümmert, hat danach gekräht.

Kai Diekmann, damals oberster Chef von *Bild*, leistete ein Übersoll an Lobbyismus und schrieb dumme Bücher gegen die Rentenversicherung, die von keiner Sachkenntnis getrübt waren. Es kennzeichnet seine Art von Journalismus, Fakten tunlichst zu ignorieren und stattdessen Zuflucht zu gut geschmierten Vorurteilen zu nehmen.

Der Riesterrente ist eine Teilprivatisierung der gesetzlichen Rente. Sie ergänzt nicht, sondern ersetzt diese teilweise. Die Riesterrente war der Hebel, um das gesetzliche Rentenniveau zu senken. Sie schafft aber keinen Ersatz für diejenigen, die sich die Riesterrente gar nicht leisten können, weil sie beispielsweise Geringverdiener, Arbeitslose oder Erwerbunfähige sind. Profiteure sind die Privatversicherungen und die Arbeitgeber, welche die Arbeitgeberbeiträge sparen. Die Riesterrente ist Solidarität für Geisterfahrer.

Das Geschäft »Riester-Rente« hat sich für die Versicherungswirtschaft und *Bild* gelohnt. Die Anzeigekosten konnten mehrfach eingespielt werden. So war beiden geholfen: *Bild* und der Allianz. Der Schröder-Freund und Wahlkampffinanzier Carsten Maschmeyer ließ auf der Hauptversammlung seiner Firma AWD die Katze aus dem Sack: »Wir stehen vor dem größten Boom, den unsere Branche je erlebt hat. Es ist so, als wenn wir auf einer Ölquelle sitzen. Sie ist angebohrt, sie ist riesig groß, und sie wird sprudeln.«

Wo er recht hat, hat er recht.

»Wes Brot ich es, des Lied ich sing«, ist die volkstümliche Aussage über die modernen politischen Kaufgewohnheiten. Lobbyismus ist die Verwandlung von Politik ins Geldgeschäft.

Nachdem in allen Kontinenten und Kontingenten das Geld das Zepter übernommen hat und es keinen Lebensbereich mehr gibt, der nicht von ihm regiert wird, beginnen die Menschen zu fragen: und jetzt?

Lobbyismus ist die Verwandlung von Politik ins Geldgeschäft.

Politik

In den USA sind Wahlkämpfe zu Geldschlachten degeneriert. Die Spender entscheiden die Wahlaussichten. Warum nicht gleich das Präsidentenamt versteigern, der Meistbietende wird es.

Alles ist kaufbar. Auch die politische Meinung steht im Kaufangebot. Es beginnt mit Kleinigkeiten, welche die Schamgrenze senken. Jens Bullerjahn, der Finanzminister von Sachsen-Anhalt, bezahlte z.B. für politische Sendungen, die er beim größten Privatsender seines Bundeslandes für 40 000 Euro bestellt hatte. Die Sendungen liefen, ohne dass der Auftraggeber genannt wurde. So nebenher wird politische Meinung gekauft.

Erhard, rette uns!

Ludwig Erhards Ordnungskonzept der sozialen Marktwirtschaft war mehr als ein Wirtschaftsprogramm. Die Soziale Marktwirtschaft sollte ebenso die wirtschaftliche Leistung mit sozialer Sicherheit verbinden wie Wettbewerb mit Solidarität. Am Ende seines Politikerlebens entwarf Ludwig Erhard, erfahrungsreicher geworden in seinem Kampf für die Kartellgesetzgebung, die auf erbitterten Widerstand der Industrielobby getroffen war, noch das Projekt einer »formierten Gesellschaft«. Damit sollte der Lobbyismus an die Kandare genommen werden.

Sein politischer Weggefährte Alfred Müller-Armack, dem wir den Begriff »Soziale Marktwirtschaft« verdanken, sprach damals von einer »dritten Phase« der Sozialen Marktwirtschaft, in der die gesellschaftlichen Strukturfragen neu gestellt werden sollten, die bis dahin offenbar unbefriedigend geklärt worden waren. Erhard und Müller-Armack waren sich über die Notwendigkeit der Weiterentwicklung der Sozialen Marktwirtschaft einig. Denn Wohlstand ist mehr, als im Sozialprodukt ausgedrückt werden kann.

Wohlstand

Wo sind die Versprechen vom Fortschritt und der »Wohlstand der Nationen«, von dem Adam Smith sprach, als er die Marktwirtschaft anpries?

Wo ist das Paradies der klassenlosen Gesellschaft, das Karl Marx an den Himmel seiner Zukunftserwartungen malte?

Übrig geblieben von den großen Ideologien der vergangenen zwei Jahrhunderte ist nur noch die nackte Macht des Geldes. Sie überlebt offenbar kapitalistische wie sozialistische Zusammenbrüche.

Geld spaltet die Welt in solche, die es haben, und solche, die leer ausgegangen sind.

Und so schließt sich der Kreis zum toten Aylan, dessen Bild unser Herz erschüttert. Das Geld hat die Moral ersetzt. Es lässt die Schwachen im Stich.

Die großen Systemfragen, über die sich die klügsten Köpfe der Welt den Kopf zerbrechen und deren kühne Konstruktionen die Normalsterblichen wegen ihrer oft funkelnden Brillanz bisweilen in Staunen und Bewunderung versetzen, rufen jedenfalls in mir, wenn das Licht der Disputationen und Disjunktionen und Konklusionen abgeschaltet ist, als heimliche Quintessenz das Bild vom toten Aylan hervor.

Die großen Dramen der Weltgeschichte, als Komödien aufgeführt oder als Tragödien erlebt, handeln allesamt vom ewigen Kampf zwischen Gut und Böse. Die Kontrahenten dieses ewigen Krieges sind allerdings nicht so leicht zu unterscheiden wie Gott und der Teufel. Die Geschichte spielt sich in einer Gemengelage ab, in der die Agenten der Gegenseite sich bisweilen auf der Seite des Feindes versteckt haben und mitunter selbst hehre Absichten von teuflischen Mitteln verdorben werden – und umgekehrt satanische Ziele sich engelgleicher Mittel bedienen.

Es ist kompliziert in dieser Welt, und es wird immer komplizierter. Das ist allerdings auch der Preis der permanenten Differenzierung, in der sich gesellschaftliche Freiheit zu entfalten pflegt.

»Der Teufel steckt im Detail«, weiß der Volksmund. Dennoch darf uns die umfangreiche Faktenlage nicht von den Hauptfragen ablenken, denn der oft beschworene Volksmund weiß auch, dass die Gefahr besteht, »vor lauter Bäumen den Wald nicht mehr zu sehen«. Deshalb muss das Dickicht, aus dem die Bedrohungen kommen, gelichtet werden.

Das Geld mitsamt seiner Logik erklärt nicht das ganze Desaster, und es ist nicht der einzige Verursacher allen Übels. Aber sind die Übeltäter nicht alles Verwandte der Selbstüberschätzung des Menschen und dessen teuflischen Antriebs, nämlich der Geldgier? Als toter Gegenstand ist Geld gar nichts. Erst in der Hand des Menschen wird es lebendig. Der Mensch haucht dem Geld sein Leben ein. Er ist sein Herr und Meister. Hat der Knecht sich gegen seinen Herrn erhoben?

Kapitel 6
Flüchtlinge

Das Flüchtlingsdrama ist die historische Nagelprobe der Wohlstandgesellschaften. Ist das Fest zu Ende und sind die Gläser leergetrunken?

Die Flüchtlinge zwingen uns zu entscheiden: Top oder Flop. Wir haben uns den Zeitpunkt und das Thema nicht ausgesucht. Aber jetzt ist es gestellt. Das Thema lautet: Ist Geld wichtiger, als es Menschen sind?

Die Geflüchteten zwingen uns zur Generalinventur unserer Gesellschaft. Welche Werte gelten? Außen- und Innenpolitik, Wirtschafts-, Finanz- und Sozialpolitik werden zur Unterscheidung von Wichtigem und Wichtigerem gezwungen. Ob die Hartz-IV-Sätze fünf Euro höher oder niedriger sind, ist eine wichtige Frage. Ob der Spitzensteuersatz 5 Prozent höher oder niedriger ist, ist wichtig. Wichtiger jedoch ist, wie beenden wir Elend und Flucht? Manche unserer Querelen werden sich als Luxusprobleme erweisen, angesichts der existenziellen Herausforderungen, denen wir uns jetzt stellen müssen. Auch die Entwicklungspolitik kommt auf den Prüfstand. Not lindern alleine reicht nicht mehr. Europa muss Farbe bekennen, ob es nur ein Zweckverband zur Förderung nationaler Interessen bleibt oder zu einer gemeinsamen Politik fähig ist, die einer Idee folgt.

Retten wir Banken und lassen Menschen absaufen? Die große humane Erfindung des Abendlandes ist die »Würde des Menschen«. Verrät Europa sein vornehmstes Erbe?

Unser Grundgesetz, die beste Verfassung, die es in Deutschland je gab, beginnt mit dem Fanfarenstoß: »Die Würde des Menschen ist unantastbar.« Da ist nicht von einer Einschränkung auf Einheimische die Rede. Es steht im Grundgesetz nicht: »Die Würde der Deutschen ist unantastbar.«

Totale Mobilmachung

Unsere Selbstgewissheiten sind ins Schwanken geraten. Die Welt gerät in Bewegung. Totale Mobilmachung ist angesagt.

Jetzt versuchen die Flüchtlinge, die Spaltung der Welt auf ihre Weise zu überwinden, indem sie sich auf den Weg zu den Futterplätzen der Wohlhabenden machen. Wenn der Wohlstand nicht zu den Armen kommt, dann kommen die Armen zum Wohlstand.

Vier Fünftel der Erdbevölkerung leben von einem Fünftel der Erdengüter (und umgekehrt!). 900 Millionen Menschen leben im privilegierten Westen. Sie verzehren 86 Prozent des Weltkonsums, verbrauchen 38 Prozent der Weltenergie. Sie leben in der Belle Étage der Welt. Im Keller hocken 1,2 Milliarden der Weltbevölkerung. Sie müssen sich mit 1,2 Prozent des Weltkonsums begnügen und müssen mit vier Prozent des Weltenergieverbrauches zurechtkommen. Die Hälfte der Menschheit hungert. Die Mehrzahl von ihnen sind Kinder.

Ein Fünftel der Weltbevölkerung hat zusammen weniger Geld als der reichste Mann der Welt. Die 62 reichsten Familien der Welt besitzen die Hälfte des Weltvermögens (vielleicht sind es auch 49,37 Prozent). Es mangelt den Ärmsten an allem, was lebenswichtig ist: an Trinkwasser, Lehrern, Ärzten und Arbeit. Und da kommen die Neoliberalen daher und warnen vor der Gleichmacherei, die den Leistungswillen lähme? Das ist so zynisch (oder auch nur dämlich) wie die Furcht, die Oma werde durch Freigabe der Empfängnisverhütung zum Sex-Tourismus verführt.

Selbst die glühendsten Anhänger des Leistungsprinzips werden diese Verteilung des Reichtums nicht als Spiegelbild eines globalen Leistungsgefälles ausgeben können.

Auch als Ausfluss einer statistischen Fehlerquote lässt sich der universelle Verteilungsskandal nicht verniedlichen. Auf die »wissenschaftlichen« Ablenkungsmanöver fallen immer weniger Menschen rein.

Die Betrogenen spielen nicht mehr mit. Sie begnügen sich auch nicht mehr mit wortreichen Vertröstungen und frommen Kirchentags-Erklärungen.

»Made in Germany« ist das Erkennungszeichen eines erfolgreichen Landes, das wir gewohnt sind. Doch nun machen sich Flüchtlingskolonnen auf den Weg ins gelobte Land Deutschland. Bisher waren die Exportzahlen der herausragende Gradmesser der Globalisierung. Jetzt signalisieren die Flüchtlingszahlen, dass sich das Globalisierungsblatt gewendet hat, und nun kommt der Warenstrom in entgegengesetzter Richtung als Menschenzulauf zu uns zurück.

Flüchtlingswelt

Das Schicksal der Flüchtlinge erinnert an die großen biblischen Wanderungen. Der Leidensmythos der durch das Rote Meer flüchtenden Israeliten wacht wieder auf. Die vom Tode

Bedrohten suchen Zuflucht im gelobten Land, dessen Bewohner sie nicht aufnehmen wollen. Das alttestamentarische Leitmotiv tritt wieder auf: »Rettung durch Flucht«.

Tausende von Hitler bedrohte Juden scheiterten an »Obergrenzen« ihrer Zufluchtstaaten. Sind uns Gedächtnis und Gewissen abhandengekommen? Besteht Vergangenheitsbewältigung in der Wiederholung ihrer Sünden?

Im Jahr 2014 landeten 1,59 Millionen Flüchtlinge in der Türkei. Inzwischen leben dort 2,2 Millionen registrierte Flüchtlinge aus Syrien, allein 500 000 von ihnen in Istanbul. Hinzu kommen 270 000 Flüchtlinge aus Afghanistan und dem Irak.

Deutschland ist keineswegs der Weltmeister der Flüchtlingsaufnahme. Jordanien mit 3,5 Millionen Einwohnern nahm 1,5 Millionen Palästinenser auf und bis Ende 2014 noch 654 000 aus Syrien. Der kleine Libanon gewährte 1,35 Millionen Flüchtlingen Zuflucht.

2015 dürften diese Rekordzahlen weit übertroffen worden sein.

2015 wurden allein in Deutschland mehr als eine Million Flüchtlinge gezählt.

Sechzig Millionen Menschen auf der Welt haben keine feste Bleibe, leben in Zelten, Notunterkünften und Lagern oder sind unterwegs auf der Suche nach einer Bleibe.

Die Obdachlosigkeit ist kein Einzelschicksal, sondern wird zur Massenerscheinung, und es werden die Schwächsten am härtesten getroffen. Kinder und Jugendliche bilden die Hälfte aller Flüchtlinge.

Was sich vor unseren europäischen Haustüren abspielt, ist nur das Geschehen in einer der vielen Notfallstationen, auf denen Menschen Rettung suchen. In anderen Erdteilen finden vergleichbare Flüchtlingsdramen statt. Kubanische

Flüchtlinge suchen auf vielen Umwegen den Zugang in das gelobte Land USA. Sie fliegen in das für sie visafreie Ecuador und machen sich von dort auf die 5 000 Kilometer lange Landreise bis nach Kalifornien oder Texas – von Schleppern ausgenutzt, von bestechlichen Beamten weitergeleitet, über Elektrozäune und durch schwerbewachte Grenzgebiete. Manche bleiben auf der Strecke. 43 000 kamen 2015 durch. Sie suchen Schlupflöcher in ganz Mittelamerika, und bald gleichen die Länder einem Tunnelbausystem, das als Netzwerk konstruiert, immer neue Umwege als verwirrendes Fluchtszenarium anbietet, in dem die Geflüchteten verschwinden oder über verwirrende Umwege einen Ausweg suchen.

Allein in dem winzigen Belize befinden sich 26 Lager, in denen die Hängengebliebenen dahinvegetieren. In Costa Rica sitzen 5 000 Kubaner fest. Nicaragua, der Verbündete Kubas, behandelt Flüchtlinge wie Deserteure. So ist das mit Obergrenzen. Sie mindern die Zahl der Flüchtlinge nicht, sondern verändern nur ihren Aufenthaltsort.

In Melilla, dem spanischen Vorposten auf der afrikanischen Seite der Straße von Gibraltar, bleibt der Ansturm Afrikas in einem dreifachen, mit Nato-Draht bewehrten Gitterzaun hängen. Flüchtlinge werden aus den Stacheln, in denen sie hängenbleiben, von der marokkanischen Polizei herausgeprügelt. Jahr für Jahr versuchen 20 000 Afrikaner über den Zaun zu kommen. 2015 schafften dies 200.

Die Welt kommt nicht zur Ruhe. In der Weihnachtswoche 2015 kamen über das Mittelmeer 18 000 Flüchtlinge nach Europa.

Wachstum von Bevölkerung und der Armut

Die Weltbevölkerung wächst und mit ihr steigt die Zahl der Vertriebenen und Flüchtlinge.

Seit 1950 ist die Bevölkerung des subsaharischen Afrikas von 180 auf 960 Millionen gewachsen. 2050 sollen es 2,1 Milliarden sein. Vier von zehn Kindern unter vier Jahren kommen dann aus Afrika.

Werden die zu Hause bleiben, wenn sie dort kein Dach über dem Kopf und kein Essen im Topf haben?

Armut ist relativ. Der Abstand zwischen Reich und Arm wird größer, und so wird die Armut der Armen härter. Über diese »sozialpolitische Relativitätstheorie« helfen auch keine beruhigenden Durchschnittszahlen hinweg, die einen Anstieg des Gesamt-Lebensstandards auf der Erde signalisieren sollen. Wenn einer zwei Bratwürste verzehrt, der andere keine, hat zwar jeder durchschnittlich eine Bratwurst gegessen, allerdings ist der eine satt und der andere hungrig. Und das Hungergefühl des einen ändert sich auch nicht, wenn der andere durch Verzehr einer weiteren Bratwurst den durchschnittlichen Bratwurstverzehr pro Kopf um 0,5 Prozent steigert.

Die statistischen Kunststücke machen die Hungrigen nicht satt. Und die Diskriminierten werden nicht glücklicher durch die Nachricht, dass anderswo auf der Welt die Verarmung abgenommen habe.

Die Zukunftsaussichten sind trübe. Das Ungleichgewicht vergrößert sich zwischen den ganz Armen und den ganz Reichen. Die Exportnationen werden reich, die importabhängigen Nationen arm. Die 17 Millionen Niederländer exportierten 2014 z.B. ungefähr doppelt so viel wie die Menschen, die südlich der Sahara leben, obwohl deren Anzahl 50-mal größer ist. Die Globalisierung ist ein einseitiges Geschäft. Und Deutschland ist ein Hauptgewinner dieser Einseitigkeit.

Aber wohin wollen auf Dauer die reichen Länder exportieren, wenn die Armen immer ärmer werden? Oder soll das Geschäft ein Insider-Geschäft der Reichen werden? Der Glaube, die Armen würden sich mit den Brotkrumen vom Festmahl der Wohlhabenden begnügen, ist auf Dauer nur eine Illusion.

In jeder Stunde wächst die Erdbevölkerung um 12 000 Menschen, von denen unter den gegenwärtigen Verhältnissen wahrscheinlich höchstens 1 000 die Aussicht haben, einen Arbeitsplatz zu finden. Wenn nur jeder Zehnte der Arbeitslosen der Dritten Welt sich auf den Weg zu den Arbeitsplätzen der Ersten Welt macht, ist kein Orban'scher Zaun so hoch, kein Frontex Schiff auf dem Mittelmeer so schnell, keine Innenministerkonferenz so einfallsreich, die Arbeitssuchenden aufzuhalten. Die wollen alle arbeiten. Da gibt es naive Zeitgenossen, die glauben, man müsse nur Obergrenzen beschließen und schon versickere der Flüchtlingsstrom.

Obergrenzen, aber wie?

Wie sollen Obergrenzen gesichert werden? Mauern, Stacheldraht und Minenfelder trennten noch vor einem Vierteljahrhundert Deutschland in zwei Teile. Mauerfest und Todessicher. Soll jetzt die Mauer wieder aufgebaut werden, um Deutsche vor der Welt in Sicherheit zu bringen. Sollen sich wieder an Grenzen Menschenschlangen bilden? Soll jeder Lastwagen, jeder Güterzug untersucht werden, ob sich Flüchtlinge in ihm versteckt haben? Zäune und Mauern schließen nicht nur Ankommende aus, sondern auch Insassen ein. Ein eingeigeltes Deutschland bringt sich um seine Zukunft. Es verkümmert.

Die den Wohlstand national sichern wollen, ruinieren ihn.

Heimatvertriebene

Wo sollen die hin, die zu Hause keine Arbeit finden, weil sie für ihre Arbeit keine Abnehmer finden? Wir bauen Textilfabriken, z.B. in Benin, aber wir lassen die Produkte dieser Firmen, die mit unserer Entwicklungshilfe errichtet wurden, nicht auf dem europäischen Markt zu. Europäische Hochseetrawler fischen vor den Küsten Senegals das Meer leer und nehmen den einheimischen Fischern den Fang und damit ihr Einkommen weg. Afrikanische Milchbauern sind nicht konkurrenzfähig gegen Tonnen von Milchpulverprodukten aus Europa und USA und Hähnchenzüchter in Afrika sind den Geflügelfabriken Europas unterlegen, die sie mit dem billigen Abfall ihrer Landproduktion überschwemmen. Fragt noch jemand, warum es Wirtschaftsflüchtlinge gibt, wenn unsere Exporte sie aus ihrer Heimat vertrieben haben. Es sind nicht Flüchtlinge, sondern Heimatvertriebene.

Entwicklungshilfe wird so zur organisierten Heuchelei. Was die linke Hand lautstark gibt, wird von der rechten klammheimlich wieder aus der Hand geschlagen. Das lassen sich die Betrogenen nicht länger gefallen. Sie schreiten zur Tat und machen sich, von der Not getrieben, auf den Weg, den wir ihren Waren versperrt haben. Entweder kommen die Waren oder die Menschen. Beide können wir nicht aussperren.

Die Armen kommen und schauen in unseren Kühlschränken nach, was wohl für sie drin sei.

Afrika im Teufelskreis von Armut und Auswanderung

Schon entsteht ein neuer Kreislauf des Elends. Die Tomatenbauern aus Ghana sind z.B. der Konkurrenz aus dem größten Tomatenanbaugebiet Europa, nämlich Apulien, nicht gewachsen. Das rote Gold, »oro rosso«, wie es genannt wird, erdrückt den ghanaischen Tomatenanbau. So billig, wie die Italiener Tomaten ernten und zu Tomatenmark konzentrieren, kann kein ghanaischer Bauer seine Ware anbieten. Ihm bleibt als Ausweg nur, sich als Erntehelfer bei der Konkurrenz in Italien zu verdingen. An einem guten Tag zwölf Stunden für 50 Euro.

Tausende und Abertausende ausländische Arbeiter arbeiten unter Bedingungen, welche die italienischen Gewerkschaften als »Sklaverei« bezeichnen. Ihre Billiglöhne machen den italienischen Exportschlager noch billiger. So verhelfen die ghanaischen Erntehelfer, die aus der Heimat geflohen sind, den Ausbeutern zur zusätzlichen Rendite und zu weiterem Nachschub von Billigkräften, die in der Heimat aufgeben mussten, weil es dort nichts zu verdienen gab.

So schließt sich der Teufelskreis:

Die in den Ruin getriebene afrikanische Landwirtschaft liefert billige Arbeitskräfte für die, welche mit ihren Billigimporten ihre heimische Landwirtschaft ruinieren. Die Billigarbeitskräfte sind die Reservearmee welche die Löhne auf europäischen Feldern drücken und damit den Niedergang der afrikanischen Landwirtschaft, aus der sie kommen, befördern. Schuld an dieser Todesspirale sind die Billiglöhner allerdings nicht.

Ähnlich geht es den afrikanischen Milchbauern, die dem Preisdruck europäischer Milchpulverprodukte nicht gewachsen sind, oder den Hähnchenzüchtern, die im Preiskampf mit europäischen Geflügelfabriken untergehen.

Es trifft auf diesem Lebensmittelmarkt ein Riese mit Subventionsausrüstung gegen einen nackten Zwerg an. Das nennen wir dann »fairen Wettbewerb«, und damit es noch fairer wird, sollen weitere Einfuhrzölle in Afrika gesenkt werden. Für Tomatenmark von 20 Prozent auf zehn Prozent. »Dein Wille geschehe – Heilige Welthandelsorganisation!« Die letzten beißen die Hunde.

Mobilität um jeden Preis

Wir befinden uns im Zeitalter der totalen Mobilität. Es gibt kein Halten mehr. Alle Dämme brechen. Mobilität und Flexibilität waren bisher die Lieblingsworte der Kostensenker. Die Arbeiter sollten sich auf die Socken zu den verlockenden Arbeitsplätzen machen. Jetzt kommen sie. Und sie kommen von weiter her, und es kommen mehr als gedacht, notfalls barfuß, zu den Arbeitsplätzen der Wohlgenährten.

Staatsgrenzen lösen sich in Luft auf. Selbst der Eiserne Vorhang würde heute nicht das schaffen, was er noch im Kalten Krieg zustande brachte, nämlich Menschen aufzuhalten. Keine Mauer, so fest die auch ist, wird dem Ansturm standhalten. Selbst der perfekte Elektrozaun zwischen USA und Mexiko hat nicht verhindern können, dass Millionen illegaler Mexikaner in den USA leben. Der Zug der Zeit rollt über alle Widerstände hinweg. Alles Feste wird flüssig.

Die derzeitige Flüchtlingswelle nimmt im Kleinen vorweg, was im Großen noch bevorsteht. Die Welt ist im totalen Aufbruch. Wohin?

Alles ist im Fluss. Alles Beständige löst sich auf. Arbeitsverhältnisse werden befristet. Berufe sind vorübergehend. Aus Ehen, die ehemals auf Lebenszeit angelegt waren, werden Lebensabschnittsbündnisse. Wohnsitze sind Zwischenstationen.

Kein Tier hält so viel Veränderung aus, wie dem modernen Menschen zugemutet wird. Selbst Mimikry, die höchste tierische Verwandlungskunst, erreicht nicht die Frequenz des Anpassungsdruckes, den die geforderte Mobilität und Flexibilität von den Menschen erwartet.

Die Welt verwandelt sich in eine globale Transithalle. Jeder ist auf dem Weg zur Optimierung seines Glücks. Doch keiner erreicht das Ziel, weil die Hektik des Lebens keinen Platz bietet, wo das Glück sich heimisch machen könnte. Die Menschheit wird eine kollektive Flüchtlingskolonne.

Unter diesem Aspekt verliert der sublime Unterschied zwischen politisch Verfolgten und Wirtschaftsflüchtlingen seine Bedeutung. Beide sind in die Flucht getrieben. Tod ist für beide die Alternative zur Flucht. Ob ich von den Gewehren der Diktatoren erschossen werde oder aus Systemgründen verhungere, ist im Tode gleich. Tot ist tot!

Mobilität ganz anders

Es geht um eine ganz andere Mobilität als um die, die sich die Neoliberalen gewünscht haben. Die neoliberale Mobilität sollte den Wettbewerb um die Arbeitsplätze forcieren und durch Zuzug in die rentablen Industrieregionen so steuern, dass die Löhne nicht durch Knappheit von Arbeitskräften in die Höhe katapultiert werden.

Jetzt geht es jedoch um viel mehr als um sektorale oder regionale Ungleichgewichte. Jetzt geht es um erzwungene Mobilität als Lebensrettung. Und Rettung verspricht einzig und allein Europa, die vermeintliche Insel der Seligen. Die Flüchtlinge kommen, und sie kommen, ob wir wollen oder nicht. Man kann nicht mit Reparatur von Symptomen die Ursachen beseitigen. Solange nicht Krieg und Unterdrückung beendet sind, wird es Flüchtlinge geben.

Die politische Diskussion in Berlin und in Brüssel geht offenbar von der Illusion aus, es müsse nur ein Hebel umgedreht werden und das Flüchtlingsproblem sei gelöst.

Es ist richtig, dass europäische Grenzen nicht einfach hochgezogen werden können, sondern geordnete Verfahren der Aufnahme an ihnen Geltung haben müssen. Ebenso richtig ist, dass nicht allein Deutschland für Flüchtlinge zuständig ist, sondern die Europäische Union, jedenfalls solange sie »Gemeinschaft« bleiben will.

Die Verwaltungsregelungen beseitigen nicht die fundamentalen Missverhältnisse, die zwischen den Staaten der Europäischen Union bestehen. Was wird aus dem Europäischen Projekt, einer »immer engeren Union«, wie es im EU-Vertrag steht? Geisterfahrer sind unterwegs, Großbritannien ist auf dem Absprung, Polen im Zustand eines neuen Nationalismus. Europa wird nur als politische Schicksalsgemeinschaft überleben.

Jeder sucht seinen eigenen Vorteil. Kurz vor dem Untergang der *Titanic* kam das Kommando: »Rette sich, wer kann!« Da war es zu spät. Dennoch spielte die Bordkapelle ungerührt weiter, weil die Passagiere des festen Glaubens bleiben sollten, die *Titanic* könne nicht untergehen. Sie konnte aber untergehen – und Europa kann es auch!

Wenn in den Frieden nicht genauso viel Kraft und Anstrengung investiert wird wie in Wirtschaft und Wachstum, ist es auch bald mit Wirtschaft und Wachstum vorbei.

Syrien – das Epizentrum der Vertreibung

Die Hälfte der Bevölkerung Syriens ist auf der Flucht. 1,5 Millionen Syrer sind im eigenen Land auf der Flucht. Fünf Millionen sind bereits im Ausland. Vierzig Prozent der Bootflüchtlinge sind Syrer (während ich dies niederschreibe, werden die Zahlen weiter in die Höhe schnellen).

Es gibt historische Situationen, in denen die Schwerkraft der Entwicklung stärker ist als die politischen Institutionen, die sie ordnen sollen. Wenn der Funke zündet, werden kein staatliches Mittel und keine Gewalt die Menschen zurückhalten, das zu tun, was sie zur Lebensrettung für nötig halten. Sie werden fliehen. Ich wäre auch dabei, wenn ich in Syrien leben würde.

250 000 Menschen sind nach UN-Schätzungen im syrischen Gemetzel bisher ums Leben gekommen. Der syrische Bürgerkrieg ist die Brutstätte des Terrorismus. Je mehr Tote, umso mehr Terroristen – so lautet die satanische Gleichung.

Was passiert eigentlich, wenn die Hoffnungslosigkeit der angekommenen Flüchtlinge mit der Angst der »Einheimischen« zusammenprallt? Wie stark wird die Explosionskraft sein, wenn Lebensrettung mit Besitzstandswahrung konfrontiert wird?

Die Flüchtlinge stehen vor der Tür und begehren Einlass. Es werden sich noch mehr Flüchtlinge auf den Weg machen. Niemand wird aufgehalten werden können, wenn Tod die Alternative zur Flucht ist.

Die Todesgefahren müssen verschwinden, wenn wir wollen, dass die Flüchtlinge zu Hause bleiben. Ohne Friede ist kein Ende von lebensrettender Flucht in Sicht.

Das Wohlstandsgefälle zwischen Europa und den armen Ländern ist groß, und die Reichen bereichern sich noch dazu an der Armut der Armen. So viel ist sicher: Das wird nicht so bleiben. Entweder geben die Reichen etwas von ihrem Reichtum der Armen ab, oder alle werden arm.

Wenn ganz Afrika sich »auf die Socken macht«, werden die Folgen verheerender sein als der Schaden, den ein Orkan über Europa verursacht.

Wer nichts zu verlieren hat, muss nichts aufgeben. Er macht sich auf den Weg dorthin, wo er Zuflucht findet. Dort findet man immer noch was Besseres als den Tod, das wussten schon die Bremer Stadtmusikanten.

Merkels Versagen?

Was hätte die Bundeskanzlerin machen sollen, als Tausende Flüchtlinge von Viktor Orban in Ungarn abgewiesen und auf die Autobahn geschickt worden waren? Hätte sie die Frierenden, Erschöpften, die Kinder und Alten unter Berufung auf das Dubliner Abkommen wieder zurückschicken sollen nach Ungarn, wo sie ihren Asylantrag stellen sollten, weil sie dort das Gebiet der Europäischen Union erstmals betreten hatten? Ich war mit Merkel einverstanden, dass Deutschland dem Gebot der Menschlichkeit folgte und die Flüchtlinge nicht im Regen stehen ließ. Der Satz »wir können nicht alle Flüchtlinge der Welt aufnehmen« ist wie ein Kalenderspruch von ergreifender Plausibilität. Übersetzt, was daraus manche folgern, heißt das: Weil wir nicht allen helfen können, helfen wir niemand!

Hätten wir die Flüchtlinge nach Ungarn zurückschicken sollen, wo sie nicht aufgenommen worden waren? Immerhin hat das Verwaltungsgericht Bremen in einem Urteil vom 30. März 2015 die Abschiebung eines Asylbewerbers dorthin abgewehrt. Das Argument: In Ungarn wurden dem UN-Flüchtlingskommissar zufolge Asylbewerber, die nach der Regel des Dubliner Abkommens »zurückgeführt« worden waren, inhaftiert. Zu Arztbesuchen wurden Flüchtlinge wie Strafgefangene in Handschellen abgeführt. Soll es europäisches Recht sein, dass wir Flüchtlinge in ein Land abschieben, das Mindeststandards des Flüchtlingsrechtes missachtet? Die Gründe für die Rückführung entfallen, wenn in dem zuständigen Mitgliedsstaat der Standard der Unterbringung und der Verfahrensgestaltung nicht dem europäischen Recht entsprechen, stellte der ehemalige Bundesverfassungsrichter Udo di Fabio in einem Gutachten fest, das er für die bayrische Staatsregierung erstellt hatte. Ungarn bricht das Recht, sollen wir Ungarn nachahmen?

Dass wir mehr Asylanträge übernehmen, als die Dublin-Verordnung vorsieht, war noch im Mai 2015 von der Europäischen Kommission empfohlen worden, weil offenbar die Erstaufnahmeländer Italien und Griechenland überfordert waren. Sie schafften es noch nicht einmal, von jedem Flüchtling einen Fingerabdruck abzunehmen.

Als niederländische Soldaten im Balkankrieg in Srebrenica tatenlos zusahen, wie Tausende von muslimischen Männern von den Serben abgeschlachtet wurden, weil die Niederländer kein Mandat zum Einschreiten hatten, schämte ich mich für Europa.

Diesmal bin *ich* stolz auf Deutschland und die Deutschen, die geholfen haben und sich nicht beirren lassen

Ohne Änderung der globalen Lebensverhältnisse gerät die Welt in einen »Aufbruch« rückwärts, der alle Institutionen und Strukturen unter sich begräbt. Dieser Aufbruch zielt auf Zusammenbruch.

Rettet Geld die Welt?

Schon machen sich auch in dieser Frage die Geldmenschen bemerkbar und bieten ihre Ratschläge an. Mehr als Geld fällt ihnen allerdings auch nicht ein. Dabei gelten ihre Wortführer sogar als besonders gescheite Leute. Garry S. Becker, Nobelpreisträger und ungekrönter König der neoliberalen Chicagoer Schule und Experte der Nutzenmaximierungstheorie, schlägt vor, von Einwanderern ein Eintrittsgeld zu nehmen. Wer Geld hat, dem sollen sich die Türen öffnen. Dann kämen schon die Richtigen. »Wer kein Geld hat, kann auch nichts. – Den brauchen wir nicht.«

Die armen Leute bleiben im Elend. Selbst schuld, wenn sie kein Eintrittsgeld bezahlen können. Man stelle sich Moses nach dem Auszug aus Ägypten vor. Wäre Becker unter den flüchtenden Juden gewesen, er hätte Rat für Moses gewusst: »Mache dich mit den Zahlungskräftigen auf den Weg ins gelobte Land. Die anderen schicke zurück zum Pharao, der sie gequält hat. So kommst du schneller voran und ersparst dir, Moses, den vierzig Jahre langen Marsch durch die Hitze der Wüste.«

Moses aber blieb seinem Volk treu.

Einwanderung à la carte?

Andere empfehlen zur Flüchtlingsbegrenzung eine planvolle Selektion durch ein Einwanderungsgesetz.

Zynisch bis autistisch ist die Vorstellung, wir könnten uns nach dem Aschenputtel-Motto »die Schlechten ins Kröpfchen, die Guten ins Töpfchen« diejenigen herauspicken, die auf dem heimischen Arbeitsmarkt eine Chance haben – oder mehr noch: die wir zu Mehrung unseres Wohlstands brauchen können.

Wie soll die Einwanderungsselektion funktionieren? Nur wer qualifiziert ist, darf kommen?

Wir sahnen also die Ausgebildeten in den Armutsländern ab. Ausbildung ist teuer. So sparen wir Kosten. Im Politjargon heißt sowas »Brain-drain«. Wir lassen »auswärts« ausbilden und »inwärts« ausbeuten.

Früher beuteten die Kolonialmächte Bodenschätze aus. Heute sucht der Westen »Humankapital«.

Was ist der prinzipielle Unterschied zu alten Sklavenmärkten? Damals musste die angebotene Menschenware ihr Gebiss vorzeigen. Mit gesunden Zähnen wurde der Sklave gekauft. Heute reicht ein Diplom. Informatiker aus Bangalore, Krankenschwestern aus Mali, Pflegerinnen aus Vietnam, Ärzte aus Afrika – Lieferung: alle frei Haus.

Die Familien der Angeheuerten, die Kinder, Ehegatten, Großeltern, müssen im Elend bleiben. Nur arbeitsmarktpolitisch verwertbares Menschenmaterial ist importfähig. Unter den Bedingungen der Globalisierung findet ein gnadenloser Selektionsprozess statt, an dessen Ende zwei Erdteile stehen werden: Wohlstand und Elend.

Sprung auf – Marsch, Marsch!

Was einst Kommando für den Sturmangriff der Soldaten war, wird bald zum globalen Wanderungsmotto.

Für Nachschub aus den armen Ländern ist gesorgt. Ganze Massen stehen zur Abreise bereit. In Nigeria, dem mit 170 Millionen Menschen bevölkerungsreichsten Staat Afrikas, sind es 44 Prozent der über 15-Jährigen. In Albanien 39 Prozent. Im Senegal 37 Prozent.

Die ganze Welt steht auf dem Sprung. Es gibt keine Ruhezone. Die Erde wird ein globales Sprungbrett. Wer nicht springt, bleibt nicht am Leben. Dabei ist die abrupte Bewegung des Sprungs nur die Intensivierung der allseits geforderten Mobilität, die das Lebenselixier der modernen Welt ist. Nichts bleibt, wie es ist. Alles wird verrückt.

Vorerst ist der Nahe Osten das Quellgebiet, aus dem der Flüchtlingsstrom entspringt. Das noch größere Reservoir für Flucht und Vertreibung liegt in Afrika. 2014 verließen 170 000 Afrikaner ihre Länder in Richtung Europa. Fast die Hälfte davon kam aus Westafrika. 3 500 kamen nicht ans Ziel, weil sie im Mittelmeer ertranken. 2015 ist die Zahl noch nicht ermittelt.

Mit Völkerwanderungen hat Europa schlechte Erfahrungen gemacht. Am Ende stand das Chaos. Deshalb ist die Elementaraufgabe: Krieg und Elend zu beseitigen. Die Völker wandern nie freiwillig, sondern von der Not vertrieben.

Kapitel 7
Europa – Aufstieg oder Fall

Wer wollen wir sein? Die privilegierte Besatzung einer Wohlstandsinsel? Was ist Europa? Ein intergouvernementaler Dachverband zur Förderung des Wohlbefindens seiner nationalen Mitglieder?

Vielleicht ist unsere Wohlstandsinsel nur ein aufgeblasenes Rettungsboot, dem demnächst die Luft ausgeht.

Wer sind wir? Wer wollen wir sein?

Die Grundrechte verbinden die europäischen Staaten und sind ein Bekenntnis zu Demokratie und Rechtstaat.

Ein Armutszeugnis war es, dass die Europäische Union keine Verfassung zustande brachte.

Identitätstest?

Die Flüchtlinge gefährden unsere Identität!? Welche denn? Was macht unsere Identität aus?

Die Flüchtlinge werden unsere Leitbilder, Normen und Ideen auf die Nagelprobe stellen. Sind die europäischen Festreden, in denen die abendländischen Ideale beschworen werden, rhetorische Schaumschlägerei oder ernst gemeinte Erinnerungen an unsere besten idealen Erbstücke? Ist die »Würde des Menschen« eine Verfassungsfloskel oder ver-

111

langt sie nach Normen, die von allen, auch den Flüchtlingen, geachtet werden müssen? Bedeutet Pluralismus, der sich aus der kulturellen Vielfalt ergibt, ein Reichtum, den wir nur mit Toleranz bewahren können? Bedeutet Toleranz ideelle Belanglosigkeit? Wie leben wir mit anderen Religionen und Weltanschauungen friedlich zusammen? Was gebietet die Toleranz? Toleranz fordert nicht zur Billigung, sondern zur Duldung auf. Was billigen wir? Was dulden wir? Wir sind die Grenzen der Duldung.

Die Würde des Menschen muss auch gegen Flüchtlinge verteidigt werden. Frauenhatz, wie sie an Silvester in Köln von Ausländern veranstaltet wurde, ist so wenig hinzunehmen wie Frauenhatz von Inländern.

Die Verhüllung von Frauen, dass von ihren Gesichtern nur Sehschlitze übrigbleiben, und Busengrapschen passen nicht zusammen.

Die Achtung der Frau und ihre Gleichberechtigung ist der Prüfstein unserer Zivilisation und die Bedingung für das Zusammenleben.

Auch nicht mit unseren Wertvorstellungen vereinbar ist, wenn Ehefrauen wie Eigentum der Ehemänner gehalten werden, mit denen sie machen können, was sie wollen: erniedrigen, verstoßen, schlagen. Der Mann ist nach unseren Vorstellungen nicht der Befehlshaber der Frau.

Selbstgeschaffene Ehrengerichte, die nach islamischem Recht urteilen, haben im Rechtsstaat Deutschland nichts zu suchen. Es kann vor deutschen Gerichten keinen Strafnachlass für solche islamischen Sondervorstellungen geben.

Die islamischen Verbände, die in Deutschland wirken, müssen Farbe bekennen – und Koranlehrer ebenso. Religionsfreiheit rechtfertigt keine Menschenverachtung.

Hat die Scharia in unserem Rechtsstaat Platz?

Gilt die Trennung von Religion und Staat?

Bleibt die Meinungsfreiheit Grundrecht?

Gilt die Gleichberechtigung von Frau und Mann?

Toleranz ist kein Ruhekissen, sondern verlangt die Anstrengung zur Unterscheidung der drei Möglichkeiten: Billigung, Duldung, Ablehnung.

Lasst die Saudis Moscheen in Europa bauen, so viel sie wollen, wenn auch nur eine christliche Kirche in Riad errichtet werden darf.

Toleranz bewegt sich zwischen Billigung und Ablehnung. Toleranz ist Duldung. Für Inhumanität gilt nicht Duldung, sondern Ablehnung. Toleranz ist nicht bedingungslos.

Rückbesinnung

Nach dem großen Zweiten Weltkrieg setzte eine Selbstbesinnung ein. Wohin waren wir gekommen? Auschwitz, wie war so etwas möglich? Das Nachdenken blieb nicht folgenlos. Die europäische Einigung war eine Konsequenz aus den Wirren der Ideologien, die das 19. Jahrhundert geboren hatte.

Europa mit Hitler hinter sich und Stalin neben sich erinnerte sich an sein vornehmstes Erbe: die Würde des Menschen. Das ist die Idee von der unverwechselbaren, unaustauschbaren Einmaligkeit des Menschen.

Die Nachkriegszeit war die Zeit eines moralischen Aufbruchs zu alten, verlassenen Ufern. Das zeigte sich im Großen und Kleinen: europaweit und basisnah.

Die Religionen, die Hitler schon verabschiedet hatte, gewannen neuen Zulauf. Die Kirchen waren überfüllt. Das Christentum erlebte einen neuen Frühling.

Erinnerung an Gründungsideen der CDU

Die ersten Programme der Christlich Demokratischen Union sind von großem sittlichem und religiösem Ernst getragen.

In den Kölner Leitsätzen der Christlichen Demokraten vom Juni 1945 heißt es geradezu hymnisch: »Im Glauben an den lebendigen Gott beugen wir uns vor seinen Geboten, den wahren und einzigen Stützen sozialer Ordnung.«

In dem Frankfurter Programm, das im gleichen Geiste und im selben Monat, aber ohne Abstimmung mit der Kölner Gruppe niedergeschrieben worden war, heißt es: »Wir betrachten das lebendige Christentum aller Bekenntnisse als Grundlage unseres politischen Handelns.«

Im Berliner Aufruf, ebenfalls unmittelbar nach Kriegsende, formulieren die dortigen CDU-Gründer: »Aus dem Chaos von Schuld und Schande, in das uns die Vergottung eines verbrecherischen Abenteurers gestürzt hat, kann nur eine Ordnung in demokratischer Freiheit erstehen, wenn wir uns auf die Kultur gestaltenden, sittlichen und geistigen Kräfte des Christentums besinnen und die Kraftquellen unseres Volkes immer mehr erschließen.«

Das Lieblingswort der ersten Nachkriegsjahre war »Neubau«. Es taucht in immer neuen programmatischen Varianten auf. Der Wille zum Neuen wurde mit der Abkehr von nationalsozialistischen Irrtümern und der Zuwendung zu sittlichen Maßstäben verbunden.

Die »Neubesinnung«, die den Wiederaufbau begleitete, verflachte dann allerdings im Verlauf der Fress-, Reise- und anderen Konsumwellen. Als Letztes erreichte uns die Wohlfühl-Epoche. Die Fitnessstudios werden im Rahmen der Gesundheitsfixierung von mehr Besuchern frequentiert als die sonntäglichen Gottesdienste von Besuchern.

Die Herausforderung, die uns ein glaubensstarker, friedlicher Islam stellt, kann nicht mit einem weiteren Rückzug in die moralische Belanglosigkeit beantwortet werden. Es gehört zur Ironie der Geschichte, dass ausgerechnet viele glaubensschwache Europäer und sogar Atheisten jetzt nach der Verteidigung christlicher Traditionen verlangen, um sich der islamischen Zudringlichkeit zu erwehren.

Europa ist tiefer von christlichen Werten geprägt, als viele glauben, auch jene, die sich nicht mehr dem Christentum zugehörig fühlen.

Klüger geworden, als es die Kreuzzügler waren, muss allerdings ein neuzeitliches Christentum eine Renaissance der christlichen Überzeugung mit dem Toleranzangebot des Pluralismus verbinden.

Jeder kann nach seiner Fasson selig werden. Aber es gibt einen Fundus von zivilisatorischen Standards, die durch Zuwanderung nicht in Frage gestellt werden. Dazu gehört auch unsere Fest-Kultur. Kinder sollen im Schulunterricht keine Weihnachtslieder singen, verlangten muslimische Väter. Salafisten weigern sich in öffentlichen Verkehrsmitteln auf Sitzplätzen Platz zu nehmen, auf denen zuvor eine Frau saß. Sollen wir Apartheid in Schule und Bus einführen?

Wir müssen zusammen leben lernen, ohne unterschiedliche Überzeugungen aufzugeben. Das stellt Rückfragen an unser Selbstbewusstsein und unterminiert jene Selbstverständlichkeiten, die Gewohnheiten ohne Sinn sind.

Wir leben in der globalisierten Welt näher beieinander, nicht nur räumlich. Mit und ohne Völkerwanderung ist unser Schicksal miteinander verwoben.

Der Klimawandel ist unsere erste Nachhilfestunde. Die Weltwirtschaft wird weitere liefern. Es gibt keine lokalen Rückzugsmöglichkeiten mehr, auch nicht für die Reichen und Schönen.

Die Würde des Menschen

Der Mensch als Kind Gottes ist eine jüdisch-christliche Botschaft, die freilich eine glückliche Symbiose mit der klassisch-antiken Philosophie einging, deren Erinnerung ausgerechnet arabische Eroberer nach Europa transportiert hatten.

Die Philosophie von Platon und Aristoteles wurde mit Hilfe arabischer Gelehrter durch die Wirren der Völkerwanderung hindurch bewahrt, gerettet und schließlich in die mittelalterliche Philosophie wieder eingeführt.

In der abendländischen Erbschaft, aufbewahrt von arabischen Philosophen, liegt der Kern dieser universalen Menschheitsidee: die Würde des Menschen.

Immanuel Kant hat diese Idee auf die klassische Formulierung gebracht: »Im Reiche der Zwecke hat alles entweder einen Preis, oder eine Würde. Was einen Preis hat, an dessen Stelle kann auch etwas anderes als Äquivalent gesetzt werden; was dagegen über allen Preis erhaben ist, mithin kein Äquivalent gestattet, das hat eine Würde.«

Das ist das Alternativprogramm zum Menschen als Ware, die einen Geldwert besitzt, der als Preis gekennzeichnet ist.

Die Idee, dass der Mensch kein Mittel, sondern Selbstzweck sei, wurde von einer elitären Vorstellung der geistigen Eliten und von einer vagen ideellen Ahnung der europäischen Völker zu einer lebensrettenden Zuflucht aller Menschen, die in Bedrängnis sind.

Sie bildet den grundrechtlichen Kern einer zukünftigen europäischen Verfassung.

Das Beispiel des Samariters

Der schönste Ausdruck der christlichen Botschaft von der Nächstenliebe findet sich im neutestamentlichen Gleichnis vom Samariter. Auf die Fangfrage eines orthodoxen Juden: »Wer ist denn mein Nächster?«, antwortet Jesus nicht dogmatisch, sondern mit der Erzählung vom Samariter, der dem unter die Räuber gefallenen »Verwundeten« hilft, ohne nach seiner Herkunft zu fragen.

»Wer in Not ist, der ist dein Nächster«, ist die Quintessenz dieser biblischen Erzählung.

Rassisten, Klassenkämpfer, Religionsfanatiker, Nationalisten beantworten diese Frage anders, nämlich mit dem Hinweis auf die Genossen; Bluts-, Klassen-, Volks- oder Glaubensgenossen, die ihre Nächsten sind.

Große Ziele oder kleinliche Politik

Es lohnt sich, für die Idee der Menschenwürde zu fechten. Die Politik bedarf wieder der Leidenschaften für große Ziele. Im Gezänk um Nebensächlichkeiten versinken die großen Ideen, derer die Menschen bedürfen, um Mensch zu bleiben. Ideen müssen praktische Gestalt annehmen, sonst bleiben sie kraftlos. Die Lehre aus nationalistischen Verirrungen heißt: Europa der Menschenwürde.

Europa war auch eine politische Konsequenz aus den Erfahrungen mit den Verbrechen der Nationalsozialisten. Jetzt befindet sich Europa in einer Schwächephase des Übergangs. Notausgänge gibt es zwei: nach rückwärts in die Auflösung oder vorwärts in eine Auferstehung, in der Europa sich neu erfindet als ein globaler Vorort der Menschenwürde.

Europa ist verkümmert zu einer Geldzählagentur. Wir zittern vor den Launen der Geldwirtschaft. Wenn die Staats- und Regierungschefs der 28 Unionsstaaten sich zusammensetzen, um Entscheidungen zu treffen, dann bewegt sie auf der Rückkehr in ihre heimatlichen Hauptstädte nur eine Frage: Wie reagieren die Märkte?

Wer aber ist das, der Markt? Wo wohnt er? Was ist er, dass alle vor ihm buckeln?

Der Euro ist nicht die Filiale eines Bankkonsortiums mit hausgemachter Währung und auch nicht die abhängige Variable der Europäischen Zentralbank. Europa ist auch mehr als die Summe seiner Geldgeschäfte.

Ich warte auf eine europäische Regierungskonferenz, nach der die Regierungschefs auf der Rückfahrt in ihre Hauptstädte sich die Frage stellen: »Was haben wir für die Flüchtlinge getan?«

Der Euro ist jedenfalls kein Wegweiser zur Seele Europas.

Begeistertes Europa

1952 fuhr ich mit Freunden in einem alten klapprigen Bus, der völlig überfüllt war, von Rüsselsheim nach Den Haag. Die Fahrt dauerte 24 Stunden. Ein Grund für die lange Reisezeit war, dass unterwegs immer noch Mitfahrer, die wir auf langen Umwegen einsammelten, einstiegen. Außerdem besuchte der Fahrer noch seine Oma in Belgien, die er jahrelang nicht gesehen hatte, weil er in seiner Heimat als Kollaborateur mit den Deutschen geächtet war. So war die Reise auch Trampen und Versteckspiel.

Der Zweck der Reise war eine Kundgebung, auf der Paul Henri Spaak sprach, der damalige Präsident der ersten EU-

Vorläuferorganisation. Mir ist entfallen, was er alles sagte. Es war viel. Aber wir waren begeistert. Wir, das waren die Besatzungen von unzähligen Bussen, Sonderzügen etc., die aus allen Ländern Westeuropas angereist waren. Grenzen weg, das war die Kurzfassung unseres antinationalistischen Programms. Die Jugend Europas lag sich in den Armen. Wir Kinder des Krieges fühlten uns wie von einem Angsttraum befreit.

Mehr als das, was dort oben auf dem Podium geredet wurde, beeindruckten mich die Männer, die um das Rednerpult herumstanden. Sie kamen aus Italien, Großbritannien, Deutschland, Holland, Frankreich, Belgien, Österreich. Jeder wurde mit Namen und Land, aus dem er kam, aufgerufen. Sie sahen sehr verschieden aus, sprachen jeder eine andere Sprache, die einen blutjung, die anderen uralt. Sie hatten eines gemeinsam. Jedem fehlte ein Körperteil: Ein Bein, ein Arm, das Augenlicht, zwei Hände … Jeder ein Opfer des Krieges. Ihr Europaprogramm war wortlos, aber eindrucksvoll. Das begriff ich als 17-Jähriger. Schluss mit Nationalismus, damit uns nicht passiert, was unsere Eltern erleben mussten.

Ich habe den Krieg nicht an der Front erlebt, sondern als Kind in Luftschutzkellern bei Fliegeralarm. Nie im Leben habe ich mehr Angst gehabt als im Bombenhagel bei Fiegeralarm.

Mein Kumpel Otto und ich waren bei einer belgischen Arbeiterfamilie untergebracht. Morgens entschuldigten sich unsere Gastgeber für das nächtliche Stampfen auf die Decke über uns. Für was? Ich hatte nichts gehört, sondern im tiefen »Schlaf der Gerechten« geträumt. Die Stampfer waren belgische Nationalisten, die nicht wollten, dass Deutsche in dem Haus schliefen. Wir lachten. Nationalisten – das sind die Alten von gestern, dachten wir. Wir Jungen werden nie mehr Nationalisten sein. Heute lache ich nicht mehr.

Vor 70 Jahren verkündete der britische Staatsmann Winston Churchill vor den Studenten der Universität Zürich das große Ziel: »Wir müssen die Vereinigten Staaten von Europa schaffen.«

2016 verkündet der britische Premier Cameron beim Gipfel der Europäischen Union in Brüssel: »Die EU ist ein Werkzeug, das wir benutzen können, um die Macht unseres Landes in der Welt zu fördern und britische Interessen voranzubringen.« Das ist europäisch maskierter Nationalismus. Die Summe von 28 nationalen Vorteilssuchern ergibt jedoch nicht das Europa, für das wir damals demonstrierten.

Kapitel 8
Nationalstaat – ein Ding von gestern

Als Summe seiner Nationalstaaten hat Europa keine Zukunft. Die Idee vom autonomen Machtstaat, in welchem sich der Nationalstaat verwirklicht hatte, brachte die Welt zwei Jahrhunderte in Unruhe. Die nationalstaatliche Überheblichkeit entsprach von Anfang an nicht den Bedürfnissen der Völkergemeinschaft.

Leopold Ranke beschwor bereits 1854 die Unzeitgemäßheit des Nationalstaates: »Die Abschließung der Nationalitäten gegeneinander ist jetzt nicht mehr durchführbar; sie alle gehören zum europäischen Konzert.« Das war zu einer Zeit, als der deutsche Nationalstaat noch gar nicht die staatliche Bühne betreten hatte.

Der Nationalstaat konnte zu keiner Zeit die Hoffnungen erfüllen, welche die Nationalisten in ihn gesetzt hatte.

Grenzverschiebungen waren das bevorzugte Machtspiel europäischer Nationalisten. Um den Grenzstein zwischen Frankreich und Deutschland, ob er östlich oder westlich von Elsass-Lothringen in den Boden eingegraben werden sollte, führten die beiden Völker innerhalb von 74 Jahren dreimal Krieg: 1870/71 und 1918/44 und 1939/45.

Es hätte bessere Ziele für die Anstrengungen beider Völker gegeben.

Mein Vater erzählte bis an sein Lebensende, dass es 1940 die schlimmsten Minuten seines Lebens waren, als er und seine Truppe mit »Hurra! Hurra!« im Sturmboot über den Oberrhein übersetzen mussten. Von zehn Schlauchbooten kamen vier auf der anderen Seite an. Der Rhein war rot gefärbt vom Blut erschossener Soldaten. Welche Idiotie!

Heute fahren seine Enkel, meine Kinder, ohne Kontrolle über Grenzen, die einst tödlich vermint waren, zu Zielen, die ihre Großeltern noch nicht einmal auf der Landkarte gefunden hätten. Ist das kein Fortschritt? Sollen wir wieder zurück in Großvaters Zeiten? Sollen wir in der Überwindung des Nationalstaates etwa beim jetzigen Stand der europäischen Einigung stehen bleiben? Das reicht nicht! Das hieße Anlaufen, ohne zu springen.

Der Nationalstaat entspringt keineswegs von Gottes Gnade und ist auch kein selbstläufiges Produkt der Geschichte, wie uns in Kindertagen in der Schule beigebracht worden war. In der über tausendjährigen Geschichte Deutschlands ist die Nation eine Erscheinung von nicht ganz hundert Jahren, zumal die deutsche Nation, wie der Philosoph und Soziologe Hellmuth Plessner meinte, eine »verspätete Nation« gewesen sei, die außerdem die Züge eines Plagiats nicht verheimlichen konnte. Nationalstaat ist jedenfalls kein deutsches Original.

Deutschland und seine kulturellen Eliten

Deutschland war nicht immer das Sehnsuchtsland seiner kulturellen Eliten. Heine war um den Schlaf gebracht, wenn er an Deutschland dachte. Hölderlin sah nur »Handwerker, Kaufleute«, aber »keine Menschen« in Deutschland. Fontane erkannte im germanisch-slawischen »Mischmasch« ein Volk ohne Begabung für »Form und Geschmack«! Schopenhauer, sonst miesepetrig, rechnete uns Deutschen als Pluspunkt an, dass wir als einziges Volk in Europa nicht an der Dummheit des Nationalismus teilgenommen hätten. Da wusste er noch nichts von unseren späteren nationalen Borniertheiten. Goethe floh in Lebenskrisen aus Deutschland: früh real nach Rom und später mental altersmüde im *West-östlichen Divan* nach Persien zu Hafis. Schiller hatte für das politische Deutschland nur Verachtung übrig: »Wo das gelehrte Deutschland beginnt, hört das politische auf.«

Der Nationalstaat ist das Ergebnis historischer Konstellationen, die auch einen anderen Ausgang hätten nehmen können. Unter weltgeschichtlicher Perspektive ist der Nationalstaat keineswegs das dominierende Staatskonzept gewesen und daher eine neuzeitliche Ausnahmeerscheinung. Den Tuareg in Afrika kann bis heute auch nicht mit Waffengewalt der Vorteil nationalstaatlicher Grenzen klargemacht werden. Die Stammesgesellschaften in der großen weiten Welt existieren immer noch neben und hinter nationalstaatlichen Grenzen, und dies mit hoher Bindekraft.

Der Nationalstaat war vielerorts entweder eine Kopfgeburt oder ein Instrument des Machtwillens.

Deutsche Nationalbewegung

Mit »Nationalstaat« bezeichnen wir kurzerhand staatliche Gebilde, in der die Herkunft die Zugehörigkeit bestimmt. Allerdings klafften Unterschiede zwischen den Nationalstaaten, die aus demokratischen Revolutionen, und jenen, die aus obrigkeitsstaatlichem Selbstbehauptungswillen entstanden sind. Die Jahre 1776 und 1789 auf der einen Seite und 1871 auf der anderen Seite trennen zwar auch Länder, aber vor allem jedoch Beweggründe. Die amerikanische Staatsgründung mit der Erklärung der Menschenrechte sowie die Französische Revolution mit dem Sturm auf die Bastille auf der einen Seite waren vom Freiheitswillen ihrer Völker getragen, auf der anderen Seite war die Kaiserkrönung im Schloss von Versailles vom Triumph des neu gegründeten Deutschen Reiches über seine Feinde geprägt.

Revolution war nie die Stärke der Deutschen. Die erste gelungene fand erst viel später statt, 1989.

»Jetzt ist Ruhe die erste Bürgerpflicht«, war die Parole, mit der der Gouverneur von Berlin, Graf Friedrich Wilhelm von der Schulenburg die preußischen Untertanen nach der Niederlage gegen Napoleon in der Schlacht bei Jena und Auerstedt 1806 von revolutionären Umtrieben abhielt.

Lenin spottete später über die ordentlichen deutschen Revolutionäre, die erst eine Bahnsteigkarte lösten, bevor sie auf dem Bahnhof eine Revolution entfachen würden. Kaiser Wilhelm II. kannte zu Beginn des Ersten Weltkrieges keine Parteien mehr und nannte das Parlament eine »Quasselbude«. Die Demokratie duldete der preußisch dominierte Nationalstaat nur erzwungenermaßen.

Die Freiheitsbewegungen, die sich gegen Napoleon und die ihn beerbende restaurierte Fürstenmacht gebildet hatten, versickerten bevor es zum Schwur kam. Die linke Freiheitsbewegung und bürgerliche Eliten sind ein paradoxes Elternpaar der deutschen Nationalbewegung, weswegen Bismarck sie rechtzeitig abschütteln konnte.

Als es ernst wurde, standen an der Wiege des Nationalstaates Deutschland preußisches Vormachtstreben, militärischer Geltungsdrang und schließlich ein Krieg gegen Frankreich. Vorher war Österreich noch schnell militärisch aus dem Reich gedrängt worden. Die Gründung des Deutschen Reichs war mit der Demütigung Frankreichs verknüpft. Nebenbei musste noch der bayerische König bestochen werden, um sich den Finessen Bismarcks zu fügen, der den widerwilligen König von Preußen im Feindesland Frankreich, nämlich im Spiegelsaal von Versailles, zum deutschen Kaiser Wilhelm I. ausrufen ließ. Die Franzosen revanchierten sich 1918, indem sie an gleicher Stelle die Kapitulation Deutschlands vollzogen.

Thomas Mann zog 1949 in seiner Rede *Deutschland und die Deutschen* eine giftige Bilanz der Reichsgründung: »Durch Kriege entstanden, konnte das unheilige Deutsch-Deutsche Reich preußischer Nation immer nur Kriegsreich sein. Als solches hat es, ein Pfahl im Fleisch der Welt, gelebt und als solches geht es zugrunde.«

Der Wechsel von Monarchie zur Demokratie war wie 1945 der von der Diktatur zur Demokratie mit einer Niederlage des Nationalismus verbunden.

Der große Vorgänger des deutschen Nationalstaates, das Heilige Römische Reich Deutscher Nation, eignet sich eher als Gegen-, denn als Vorbild des Nationalismus.

Dieses Reich war allein schon vom Namen her ein heterogenes Gebilde. Ein Nationalstaat war dieses Reich nie. Während das »Heilige« an das *sacrum imperium* des Römischen Reiches erinnert, weist der Nationalbegriff auf ein säkularisiertes Staatsverständnis hin. Anfangs- und Endstadium seines Lebenszyklus sind also schon im Titel enthalten.

Dem staatsrechtlichen Begriff nach knüpft das Reich an römische Traditionen an, seine Bewohner definiert es ethnisch.

Das Römische Reich war ein vielfältiges Völkergemisch, zusammengehalten durch ein gemeinsames Bürgerrecht von Menschen unterschiedlicher Abstammung.

Die Kaiser des Heiligen Römischen Reiches Deutscher Nation waren zuvörderst Europäer. Karl der Große wird von Deutschen und Franzosen gleichermaßen als ihr Kaiser in Anspruch genommen. Der Stauferkaiser Friedrich II. residierte im 13. Jahrhundert in Sizilien und war mehr an Wissenschaft und arabischer Philosophie interessiert als an den Intrigen deutscher Fürsten. Karl V., ein Habsburger, war im 16. Jahrhundert der erste Global Player. In seinem Reich ging die Sonne nicht unter.

Die deutsche Nationalkultur, von der die Romantiker träumten, gab es in Reinkultur nie. Unsere besten Vertreter waren europäisch inspiriert.

»Die Nation ist«, wie der Politikwissenschaftler Karl W. Deutsch ironisch festgestellt hat, »eine Gruppe von Menschen, die durch einen gemeinsamen Irrtum hinsichtlich ihrer Abstammung und eine gemeinsame Abneigung gegen ihre Nachbarn geeint ist.«

Geburt der Nationalstaaten

Die Nationalstaaten der Welt sind erkämpft, erheiratet, ertauscht worden: im friedlichen Fall das Ergebnis von Verhandlungen, im gegenteiligen die Folge von kriegerischen Auseinandersetzungen, in keinem Fall jedoch ein Produkt naturwüchsiger Entwicklung. Es gibt wohl keinen Thron in Europa, zu dem Deutschland nicht eine Besetzung geliefert hat, sei es als Thronhalter, -anwärter, Gemahl oder Gemahlin der höchsten Herrschaft. Es gibt auch, soweit ich sehe, keine Region in Europa, die nicht im Laufe ihrer Geschichte von Nachbarn besetzt worden war oder diese besetzt hatte. Wer sich die Verwicklungen ansieht, der schließlich zum Ersten Weltkrieg führte, wird die nationalstaatlichen Gebilde eher als Geburtsstätte von Intrigen ansehen denn als eine Folge der Selbstbestimmung der Völker. Selbst das Deutsche Reich, welches 1871 entstand, verdankt sein Entstehen weniger dem Ruf des Volkes, sondern mehr mit Hilfe diplomatischer Tricks wie etwa Bismarcks Emser Depesche, mit der er die Franzosen in den erwünschten Krieg lockte.

Die Wiedervereinigung 1990 war dagegen eher vom Geist der Selbstbestimmung getragen. Hier war der Anschluss an den freien Westen ein Hauptmotiv und nicht die Rückkehr zu Bismarcks Nationalsystem. Die deutsche Wiedervereinigung 1990 war nur mit Europa möglich. Das Deutsche Reich 1871 entstand gegen Europa.

Das schöne Märchen von der Selbstbestimmung der Völker stand zwar im vergangenen Jahrhundert bei der Entkolonialisierung Pate, aber bei Licht betrachtet blieben die neuen Staaten weitgehend in dem Gehege, das zuvor die Kolonialmächte gebildet hatten. Welches Volk soll in den postkolonialen Zeiten dann das Subjekt der Grenzziehungen beispielsweise in Afrika gewesen sein. Die neuen afrikanischen Staaten haben ihre Grenzen nicht selbst bestimmt, sie übernahmen sie von den Kolonialmächten. Die Massaker jedenfalls, die nach ihrer Gründung in vielen nunmehr befreiten und vermeintlichen Nationalstaaten veranstaltet wurden, sind das blutige Dementi der Erzählung von der Selbstbefreiung befriedeter Völker.

Der Nationalstaat ist dort, wo er entstand, keineswegs immer das Fanal humaner Freiheitsbewegung gewesen, sondern in vielen Fällen ein Produkt der Aggression gegen Nachbarstaaten oder Minderheiten im eigenen Land. Das entkolonialisierte Ruanda, das sich als selbstbestimmtes Land aufspielte, wurde das Symbol für Stammesschlächtereien.

Man muss nur Fichtes *Reden an die deutsche Nation* lesen, um zu erahnen, auf wie viel kollektive Aggression die gelehrten Schichten ihr Nationalbewusstsein gründeten. Einige der besten waren allerdings davon mehr abgestoßen als angezogen. Johann Wolfgang von Goethe war nie Nationalist. Seine besten Werke von *Werther* bis *Faust* wurden in ganz Europa gelesen. Beethoven wird auf der ganzen Welt verehrt und Bach im letzten Winkel der Erde gehört. Die Großen »unserer Nation« haben Werke hinterlassen, die zum »Weltkulturerbe« gehören.

In der langen Inkubationszeit, aus der die europäischen Nationalstaaten hervorgingen, finden sich Lug, Trug, Verrat, dynastische Kuppelei, Verpfändung und andere finanzielle Arrangements – und vor allem Kriege, Kriege, Kriege.

Das Vaterland, das im Glanze seines Glückes blühen soll, wie wir es in unserer Nationalhymne besingen, ist ein Land von vielen Vätern, die sich nicht immer glückselig in den Armen lagen, sondern sich häufig kriegerisch in den Rücken fielen. Die Gründe waren so unterschiedlich wie die nationalen Vorwände.

Bevor Deutschland sich im Nationalstaat vereinte, war es ein Flickenteppich von großen und kleinen Mächten und nicht selten ein Konglomerat verzwickter Interessen. Städte kämpften gegen ihre Feudalherren um ihre Freiheit. Kurfürsten und Bischöfe zogen mit- und gegeneinander in die Schlacht. Im Dreißigjährigen Krieg ging es um konfessionellen Hader und europäische Machtpolitik. Preußen und Bayern sind einander traditionellerweise nicht in Zuneigung ergeben. Die österreichischen Habsburger wurden mit Kanonen und Intrigen vor die Türen des neuen deutschen Reiches bugsiert, von wo sie Hitler wieder »heim ins Reich« holte.

Als föderaler Staat ist Deutschland, ist auch die Bundesrepublik ein Kunstprojekt. Die Bundesländer entstanden nach dem Zweiten Weltkrieg zu einem großen Teil durch Anweisungen der Besatzungsmächte.

Rheinländer und Westfalen fanden sich über Nacht unter dem Dach von Nordrhein-Westfalen zusammen, obwohl sie bis dahin nie mehr als entfernte Verwandte von unterschiedlicher Mentalität und Geschichte gewesen waren. Pfälzer und Rheinhessen wussten bis zur Gründung ihres Bundeslandes nicht, dass sie zusammengehörten. Die Pfälzer zählten sich eher zu den Bayern als zu den Rheinhessen.

Gemeinsame Zukunft statt Herkunft

Politische Gemeinschaften, die auf Bestand angelegt sind, werden durch gemeinsame Aufgaben definiert. Im Zeitalter der Globalisierung prägen kollektive Erwartungen an die Zukunft, die gemeinsam bewältigt werden muss, mehr das Zusammenleben als die Herkunft.

Die Idee der Schicksalsgemeinschaft lässt der Pluralität der Lebensstile mehr Spielraum, als dies eine völkische Identität zu schaffen vermag. Zumal die völkische Identitätsstiftung eher den Phantasmagorien ihrer Ideologen entsprang als dem gemeinsamen Genpool, den sie für sich beanspruchten.

Man stelle sich als Prototypen der arischen Rasse, welche die Nation Deutschland bilden sollte, Hitler, Göring und

Goebbels vor. Keiner der drei entspricht meinem kindlichen Ideal eines muskelstrotzenden blonden Germanen, das uns in der Nazi-Zeit als Muster eines Deutschen in der Schule vorgeführt worden war.

Die andere Seite

Es soll nicht unterschlagen werden, dass der Nationalstaat auch das positive Vehikel der Volkssouveränität war, mit dessen Hilfe sich die Völker den Klauen der Unterdrückung entwanden. Die friedliche Revolution 1989 in der DDR nahm mit dem Ruf »Wir sind ein Volk!« zwar die Erinnerung an die nationale Einheit auf, aber es war vor allem die Sehnsucht nach »westlicher Freiheit«, die den Ostblock zusammenmenbrechen ließ.

Das Bild, das von der deutschen Einigung in Erinnerung bleibt, sind Menschen, die sich an der »Zonengrenze« glücklich in den Armen lagen, und nicht das Bild von ordensgeschmückten Fürsten und Generälen, wie sie im Bild von der Ausrufung des Deutschen Reiches im Spiegelsaal von Schloss Versailles überliefert sind. Und im Gegensatz zu 1871 war die Einheitsforderung 1989 nicht mit einem Verlangen nach deutscher Dominanz verbunden, sondern war schon durch die Zwei-plus-vier-Verhandlungen mit den Alliierten in eine europäische Friedensordnung eingebunden.

Die Überwindung der Spaltung Europas wurde durch den Fall des Eisernen Vorhangs ausgelöst. Die deutsche Wiedervereinigung ist Teil einer europäischen Befreiung. Der Fall des Eisernen Vorhangs und der Mauer in Deutschland war kein Akt, den die Deutschen allein aus eigener Kraft zustande brachte. Ohne Solidarność ist keine Wiedervereinigung denkbar, ohne Europa keine deutsche Einheit.

Als die Mauer fiel, waren wir zum ersten Mal seit Jahrhunderten nicht mehr von Feinden umzingelt. Und anders als in der Bismarck'schen Außenpolitik versuchen wir nicht mehr, unsere Haut zu retten, indem wir unsere Nachbarn gegeneinander ausspielen. Mit Europa wurde »Deutschland einig Vaterland«.

Deutschland musste erst seine europäische Lektion in zwei blutigen Weltkriegen lernen.

Nationalismus als Krankheit einer irregeleiteten Liebe

Mich machte ein frühkindliches Erlebnis zum Gegner des Nationalismus, ohne damals zu wissen, was das eigentlich sei. Dieses Erlebnis liegt jetzt sieben Jahrzehnte zurück. Es hat sich so tief in meine Erinnerung eingebrannt, dass ich das Gefühl habe, es sei gestern passiert.

Frau Frangel war die Bäuerin, auf deren Hof in Schafhausen bei Alzey wir – Mutter, Bruder und ich (mein Vater war ja im Krieg) – Unterschlupf gefunden hatten, um den Fliegerangriffen auf Rüsselsheim zu entkommen.

Eines Tage stand Frau Frangel stramm vor meiner Mutter und wies auf ein Bild hin, das mit einem schwarzen Trauerflor umrahmt im Eingang ihres Hauses hing.

»Das ist mein Sohn Ernst, der in Russland gefallen ist«, sagte sie triumphierend. Und jetzt kommt's: »Ich bin stolz, meinen Sohn dem Führer geopfert zu haben.« Ich sehe noch den Glanz in ihren Augen, während sie dies sagte.

Ich verstand zwar nicht, warum der Führer Opfer brauchte. Aber so viel kapierte mein kleines Kindergehirn schon damals: Eine Mutter kann nicht stolz sein, wenn ihr Sohn erschossen wird.

Frau Frangel war mir fortan unheimlich. Ich zog seitdem große Kreise um sie oder wich ihr aus, wenn sie mir entgegenkam.

Später, viel später begriff ich, zu welcher Verblendung eine nationale Opferideologie fähig ist. Seither bin ich umso mehr davon überzeugt, dass kein Staat oder sonst wer stärker sein darf als die Liebe einer Mutter zu ihrem Kind. Denn: Der einzelne Mensch ist wichtiger als die Nation.

Der Nationalstaat – mit Ideologien aufgemotzt – war immer in Gefahr, sich zum Gott zu erheben, der Menschenopfer verlangte.

Brüssel

Die Karikatur eines verwirrten Nationalstaates liefert ausgerechnet das Land, in dem die »Hauptstadt« Europas liegt: Brüssel.

Auch Belgien ist das Kunstprodukt einer politischen Ränkeschmiede, die die europäischen Nationalstaaten auf dem Reißbrett entwarf. Das Spiel nannte man schon damals Diplomatie, und die hantiert mit Menschen im Leben, wie man mit Schachfiguren auf dem Schachbrett verfährt.

Belgien ist zweisprachig ohne eine starke Tradition, die den Graben zwischen Wallonen und Flamen überwölben könnte. Die belgischen Landesteile sind miteinander verbunden wie ein Zweckverband, dem die gemeinsamen Zwecke abhandengekommen sind. Belgien will Nationalstaat sein, ohne es sein zu können. Schon die Hauptstadt Brüssel ist ein Fleckenteppich von Kompetenzen. 19 Kommunen kommandieren jeden auf ihre Weise die kommunalen Funktionen. Müllabfuhr, Polizei, Verwaltung sind auf 19 kommunale Eigenheiten verteilt.

Le Monde, die französische Tageszeitung, erklärte nach dem Paris-Anschlag vom 13. November 2015 Belgien, in das die Spuren des Terroristen führten, zur »nation sans état«.

So liefert der Ort, in dem die europäischen Institutionen ihren Hauptsitz haben, das Paradebeispiel dafür, wohin der Nationalstaat führt, wenn er ein Kunstprodukt der Politik ist. Auch ein anderes Beispiel, nämlich das ehemalige Jugoslawien, zeigte, dass nationalstaatlicher Zwang das Fehlen gewachsener kultureller Einheiten nicht kompensieren kann. Als der sozialistische Zwang zusammenbrach, gingen sich die Völker Jugoslawiens über Nacht an die Kehle.

Belgien heute (wie Jugoslawien damals) ist nicht das Muster für eine europäische Integration, die sich aus der Überwindung nationalstaatlicher Gewohnheiten ergibt. Es ist eher ein abschreckendes Beispiel. An seinem politischen Desaster lassen sich die Konfusionen eines Nationalstaates ablesen, der keiner sein kann.

Wie unterschiedlich auch immer die Bedeutung des Nationalstaates in der Vergangenheit gewesen ist, den Aufgaben der Zukunft im Zeitalter der internationalen Verflechtungen ist er nicht mehr gewachsen. Er könnte bestenfalls als das abschließende Finale einer ehemaligen Weltmacht existieren, die Integration durch Dominanz ersetzt. Dafür lieferte die Sowjetunion das Beispiel. Auch deren Unions-Modell mit der Vorherrschaft eines Volkes auf Kosten der Unterdrückung anderer ist veraltet. Europa eignet sich weder als Summe souveräner Nationalstaaten noch als Dependance einer Weltmacht – und sei es die der USA.

Hin oder her: Der globalen Herausforderung ist der Nationalstaat nicht mehr gewachsen.

Nationalstaat: zu klein – zu groß

Für die großen Probleme ist er zu klein, für die kleinen Fragen zu groß.

Der globale Finanzkapitalismus lässt sich durch keine nationale Anstrengung bändigen. Kein nationaler Finanzminister ist so schnell, wie es die Dollarbillionen sind, die auf der Datenautobahn die Erde umkreisen.

Die globale Finanzwirtschaft spielt mit der nationalstaatlichen Politik Katz und Maus. Ihre Agenten, die drei großen Ratingagenturen Standard & Poor's, Moody's und Fitch Ratings, entscheiden über das Schicksal ganzer Nationen. Es sind nur diese drei Ratingagenturen, welche das weltweite Geschäft beherrschen. Ihre Zensuren entscheiden über Auf- und Abstieg einzelner Unternehmen und ganzer Staaten. Wer legitimiert eigentlich diese Platzanweiser der Weltwirtschaft, von deren Daumenbewegungen rauf oder runter das Schicksal von Millionen Menschen abhängt? Die Finanzminister eines jedweden Staates, der im globalen Geldspiel mithalten will, fürchten die Voten der Ratingagenturen mehr als die Voten der Wähler.

Die Börsen spielen für die Weltwirtschaft dieselbe Rolle wie in den Agrarzeiten der Wettergott für die Bauern. Die Bauern ließ er bangen. Deshalb hofften sie auf seinen Segen.

Wem sind die Ratingagenturen und Börsen als Agenturen des Finanzkapitalismus eigentlich verantwortlich? Ihren

Geldgebern! Die Ratingagenturen sind autoritäre Implantate im Corpus der Weltwirtschaft. Sie sind weder marktwirtschaftlich noch demokratisch verankert, sondern wie die einstigen Gottheiten eine übersinnliche Größe.

Die Ratingagenturen besitzen mehr Macht als jeder nationale Finanzminister. Die Börsen, welche die Ratingagenturen mit ihren Inputs füttern, sind selbstreferenzielle Systeme, die sich dem republikanischen Zusammenhang entzogen haben, aber wie ein Strudel die Politik in ihren Sog zwingen. So liefern die weltwirtschaftlichen Agenten die anschaulichsten Beispiele für die nationalstaatliche Entmachtung, die gleichzeitig Entdemokratisierung bedeutet.

Die Asymmetrie von Politik und Finanzwirtschaft

Der Geburtsfehler der europäischen Währungsunion besteht darin, dass sie nicht in eine starke politische Union eingebettet war. Die Banken sind mehr gefürchtet als die Europäische Kommission. So wackelt der Schwanz Finanzmacht mit dem Hund Politik. Oder anders: Die Politik verkommt zur abhängigen Variablen der Finanzwirtschaft.

Das widerspricht der klassischen Staatstheorie, in welcher das staatliche System den Vorrang vor allen Teilsystemen behält.

Dieser Grundsatz musste in der Geschichte der staatlichen Entwicklung einst gegen mächtige Repräsentanten von Teilmächten, die sich für das Ganze hielten, durchgesetzt werden: gegen Fürsten, Ritter, Bischöfe, Generäle, etc.

Die Einsicht des preußischen Heeresreformers Carl von Clausewitz, dass der »Krieg die Fortsetzung der Politik mit anderen Mitteln« sei, die Politik also Ausgang und

Richtung bestimme, musste z.B. den Militaristen immer wieder eingetrichtert werden. Denn die maßten sich bisweilen an zu bestimmen, was die Kriegsziele seien. Was damals die Generäle waren, die sich immer wieder zu Chefs der Politik machen wollten, das probieren heute die Manager der Hedgefonds oder die Bosse von Großbanken. Kein Nationalstaat ist ihnen gewachsen. Die Konferenz der 19 Euro-Finanzminister wirkt neben den Entscheidungen der Europäischen Zentralbank wie ein Studentenchor auf Tournee, der die Noten benutzt, die ihm die Banken liefern.

Die Europäische Zentralbank, die sich eigentlich auf die Wahrung der Stabilität der Währungsunion konzentrieren sollte, macht mit dem kleinen Finger ihrer finanzpolitischen Interventionen einschließlich ihrer Kontrolle der nationalen Reformpolitiken mehr Europapolitik als der große Apparat der Europäischen Kommission, an dessen Spitze Jean-Claude Juncker als König ohne Land steht.

Die Kommission muss auf Betteltour bei Banken gehen, wenn sie beispielsweise ein Investitionsprogramm bewegen will. Sie verfügt über keinen Etat, den sie mit eigenen Einnahmen finanziert. Sie ist für eigene Initiativen, wie ein Filialleiter auch, auf das Wohlwollen des Konzernchefs angewiesen. Im Unterschied zu einem Filialleiter hat der Kommissionschef 28 nationale Konzernchefs. Kein Unternehmen könnte so funktionieren. Und von Demokratie kann in dieser Struktur überhaupt keine Rede sein. In der Demokratie steht schließlich dem Parlament das erste Initiativ- und Entscheidungsrecht zu. Die Kommission ist jedoch eine Exekutive, die vom Europaparlament nur ungenügend initiiert und kontrolliert wird. Europa hängt in der Luft und wird so zum Spielball der nationalen Politiken.

Die Verwicklungen der europäischen Institutionen lässt sich mit einem Wollknäuel vergleichen, das niemand aufzuwickeln vermag.

Die Staats- und Regierungschefs der Europäischen Union sahen vor einiger Zeit dieses Desaster und beauftragten die Präsidenten der wichtigsten Europäischen Institutionen mit der Erarbeitung eines Vorschlages, wie man dem Wirrwarr entkommen könnte.

Kaum lag das Ergebnis vor, da wollten die Auftraggeber von ihrem Auftrag nichts mehr wissen. Denn als erstes hätten die Nationalstaaten Kompetenzen an »Europa« abgeben sollen. Kein Land stimmte dem zu, keine Nationalregierung wollte z.B. auch nur einen Teil der Budgetrechte an die Kommission abtreten.

»Mir gebbe nix« ist eine schwäbische Maxime, die europäisches Format angenommen hat. »Wasch mir den Pelz, aber mach mich nicht nass« ist wohl die Parole Europas.

Der Alternativvorschlag zum jetzigen Zustand, welcher aus dem Bereich der Wirtschaft kam, läuft auf eine Art politische Geisterfahrt hinaus. Die Bundesbank und die »angeschlossenen Sachverständigen« schlugen vor, die Währungsunion der Kontrolle des Finanzmarktes zu überlassen. Also mehr Markt statt mehr Demokratie. Dafür hatte sich schon der damalige Bundesbankpräsident Hans Tietmeyer 1994 in Davos ausgesprochen: »Die Geldmärkte werden zunehmend die Rolle von Polizisten spielen … Die Politiker müssen begreifen, dass sie in Zukunft der Kontrolle der Finanzmärkte und nicht nur den nationalen Debatten unterworfen werden.«

Rolf-Ernst Breuer, der ehemalige Vorstandssprecher der Deutschen Bank (und Spezialist für den Leo-Kirch-Ruin) legte im Jahre 2000 in einem Interview mit der *Zeit* noch eine Schippe drauf, indem er die Börsendemokratie als der politischen überlegen erklärte. Denn an der Börse werde täglich abgestimmt, in der Demokratie nur alle vier Jahre: »Wenn die Politik im 21. Jahrhundert in diesem Sinne im Schlepptau der Finanzmärkte stünde, wäre das vielleicht gar nicht so schlecht.« (*Die Zeit*, 27.4.2000)

Während Tietmeyer den Bock zum Gärtner machen wollte, empfahl Breuer einen Schlepper, der sich schon im Rettungsboot befand. Soviel zur Selbstein- und -überschätzung der Finanzindustrie.

Lasst alle Hoffnungen fahren, dass die Wirtschaft die Rettung Europas schaffen kann.

Sicherheit

In Europa beherrschen statt einer europäischen Verteidigungsgemeinschaft weiterhin nationale Armeen das Feld. Doch Sicherheit ist nicht lediglich militärischer Natur. Sicherheit hat auch einen zivilen Aspekt.

Schon der gesunde Menschenverstand rät uns, grenzüberschreitende Sicherungen gegen globale Katastrophen zu schaffen. Ein »Fünf-nach-zwölf« gibt es nicht. Ob das aber alle Verrückten der Welt wissen?

Unsere Sicherheit wird z.B. nicht allein durch einen Einsatz von Atombomben gefährdet. Auch die zivile Atomkraft gefährdet die Gegenwart und mit der nicht gelösten Entsorgungsfrage die Zukunft. Auch unser nationaler Ausstieg aus der Atomenergie löst das Problem der nationalen Sicherheit nicht. Die Menschen im Aachener Grenzgebiet werden mehr durch belgische Atomanlagen gefährdet als die weiter entfernten Teile der belgischen Bevölkerung. Den Freiburgern wird durch den deutschen Atomausstieg so lange keine Sicherheit verschafft, wie das französische Atomkraftwerk Fessenheim nicht abgeschaltet ist.

Klimaschutz

Gefährlicher als der plötzliche Tod der Mutter Erde durch einen Atomkrieg wäre ein leises Versagen ihrer Lebenskraft durch den Klimatod.

Klimapolitik ist global. Der Blick vom Mond zur Erde lässt sie eher wie ein kosmisches Raumschiff erscheinen, deren gemeinsame Besatzung wir sind.

Klimaveränderungen kommen nicht wie ein Blitzschlag aus heiterem Himmel. Sie schleichen sich ein und wiegen die Menschheit in der vermeintlichen Sicherheit eines großen Zeitvorrats, der uns Korrekturen ermöglicht. Aber wie Klimakatastrophen der Vergangenheit beweisen, ereignen sie sich nach einer langen »Inkubationszeit« plötzlich, abrupt und unkorrigierbar. Deshalb dürfen wir uns mit der Kölner Zuversicht: »Et hät noch immer jot jejange«, nicht selber Sand in die Augen streuen.

Es ist wie beim legendären Irrtum von der Vergiftung eines Tümpels durch ein tödliches Kraut, das sich jeden Tag verdoppelt. Noch am vorletzten Tag bedeckt es erst die Hälfte der Wasseroberfläche, aber schon am nächsten erstickt es alles Leben im Teich. Die Zeitspanne, die bis zur halben Überwucherung vergeht, verleitet irrtümlich zur Annahme, für die zweite Hälfte benötige die giftige Pflanze ebenso lang.

Bald wird den Menschen in der Sahelzone dämmern, dass bei ihnen der Regen deswegen ausbleibt, weil wir nördlich der Sahara so viele Abgase in die Luft pusten. Sie werden begreifen, dass die weitere »Verwüstung« ihres Landes weder Gottesurteil noch Naturschicksal ist, sondern menschengemacht. Ihrem Elend entkommen die durch den Klimawandel Bedrängten nicht durch Entwicklungshilfe der Reichen für die Armen, sondern nur durch eine globale Politik, die zu globalen Veränderungen fähig ist. Verantwortung. Was das Kapital längst geschafft hat, muss die Menschheit noch lernen. Der Nationalstaat ist zu klein, große Aufgaben zu lösen.

Auf wohltemperierten Schlaf folgt das schreckliche Erwachen.

Flucht und Vertreibung

Rund um Europa ist die Welt in Bewegung. Im Nahen Osten brodelt es. Afrika steht vor dem Aufstand. Selbst im Koloss China rumort es, wenn auch vorerst in dessen Tiefen.

Europa ist von Unruheherden umgeben. Es wird zum Zufluchtsort. Der jetzige Ansturm auf Europa könnte das Signal für eine Umwälzung werden. Wie wird die Zukunft der Welt aussehen? Ist sie das Ergebnis eines neuen, planvollen Ausgleichs oder ein Chaosprodukt, das aus den Trümmern politischer Katastrophen entsteht?

Nationalstaaten können das Flüchtlingsproblem nicht lösen. Sie handeln nach dem Sankt-Florian-Prinzip: »Heiliger Sankt Florian, verschon' mein Haus, zünd' and're an.« Die Nationalstaaten sind nur darauf bedacht, ihre Besitzstände und ihre Traditionen zu wahren. Die weltliche Form des Florian-Prinzips heißt: Obergrenze.

Was geschieht, wenn das Elend der Welt, die erträglichen Grenzen der Obergrenzen übersteigt? Nach uns die Sintflut!

Die Uhr tickt

Die Zeit der Entscheidung ist unausweichlich. Wir können nicht wie die Peripatetiker aus der Schule des Aristoteles solange diskutieren, bis wir die großen Lösungen gefunden haben. Wir stehen unter Handlungsdruck. Die Uhr tickt.

Wird Europa zu einer globalen Restgröße, das in späteren Zeiten von Touristen besucht wird, die seine alten welthistorischen Sehenswürdigkeiten bestaunen, so wie wir heute die Pyramiden in Ägypten besuchen, um das vergangene Reich der Pharaonen zu bewundern?

Die Entschlossenheit der Staatenlenker Europas erinnert an das Gebaren eines Turmspringers, der das Zehn-Meter-Brett betritt, den Bademantel auszieht, die Muskeln spielen lasst, dreimal auf den Fersen und Fußspitzen wippt, hinab zum Beckenrand blickt … den Bademantel wieder anzieht und auf der Leiter wieder absteigt.

Was also tun?

Vor allem gilt es das demokratische Fundament zu stärken. Europa muss getragen werden von einem Parlament, das eine wahrhaftige Legislative ist, und einer europäischen Regierung, die eine wahrhaftige Exekutive ist. Ein Parlament als Debattierklub ohne Folgen ist kein Parlament. Ein Parlament muss Entscheidungen treffen. Eine Regierung, die als Machtmaschine um sich selber kreist, ist keine demokratische Errungenschaft. Sie muss sich vielmehr dem Volk und seiner Vertretung, dem Parlament, zur Rechenschaft stellen.

Ohne dass alle europäischen Staaten über ihren Schatten springen, bleibt es beim Alten: Untergang.

Die Krise in Europa könnte zum Weckruf werden.

Jetzt ist Kühnheit gefragt. Widerstände werden sich turmhoch aufbauen. Alle, die etwas abgeben sollen, werden sich zu einem Verhinderungsbündnis zusammenschließen. Die Schwäche der Verweigerer wird sein, dass sie, wenn überhaupt, dann nur Lösungen anbieten können, die zu den jetzigen Problemen führen.

Entscheidungsverzögerung ist nicht Lösung des Problems, sondern dessen Ursache.

Kapitel 9
Leidenschaft für Europa

Die Zukunft wird die Gegenwart unserer Enkel sein, so wie unsere Gegenwart die Zukunft der Großeltern war. So wie nach 1945, als die aus dem Krieg heimgekehrte Jugend Schlagbäume umriss und Grenzsteine umwarf, um die sich ihre Väter wenige Jahre zuvor noch die Köpfe blutig geschlagen hatten, bedarf es jetzt der Visionen, für die wir uns mit ganzer Leidenschaft einsetzen müssen.

Der Wagemut der Alten

Was für einen jungenhaften Mut bewiesen die alten Männer Robert Schuman, Konrad Adenauer, Alcide De Gasperi, Jean Monnet. Sie mussten gegen nationales Prestigedenken und trotz allgemeiner Erschöpfung in den Kampf ziehen für eine Zukunft, die anders war als die Vergangenheit. Sie wollten keine Restauration. Sie wollten anstelle der alten Nationen ein neues Europa.

Nach dem Zweiten Weltkrieg lag Europa zertrümmert am Boden. Wo heute Prachtstraßen verlaufen, gab es damals Pfade über Trümmerberge. Zu den ersten Überlebensregungen zählte der Wille, aus der Vergangenheit Lehren zu ziehen und die alten nationalen Fehler nicht zu wiederholen, die nach dem Ersten Weltkrieg zu nationalen Dominanzgelüsten auf der einen Seite und zu nationalen Revanchegefühlen auf der anderen Seite geführt hatte. Die Summe davon war der Zweite Weltkrieg.

Europa war nach 1945 das Ziel, mit dem die nationalistische Hybris ein für allemal überwunden werden sollte. Die ersten Schritte zur Einigung waren Kehrtwendungen, also keine Varianten, sondern Alternativen zur alten nationalstaatlichen Politik. Sie betrafen Kernbereiche der nationalen Politik. Landwirtschaft und Montanunion wurden als erste europäische Sektoren »vergemeinschaftet«. Beides sind Herzstücke nationalen Prestiges, die Landwirtschaft als Hort der nationalen Bodenideologie, die Montanindustrie als Vorhut der nationalen Rüstungsindustrie.

Montanunion: Bahnbrecher Europas

Kohle und Stahl waren das Rückgrat der Industrialisierung. Die Ruhrindustrie war die Waffenschmiede der Nation. Die Dicke Bertha, eine bei Krupp in Essen geschmiedete Superkanone, war im Ersten Weltkrieg der Stolz des deutschen Heeres gewesen.

Nach 1945 und dem Zusammenbruch Deutschlands stand der Teil der Ruhrindustrie, der nicht in Trümmern lag, im Visier der Demontage. Henry Morgenthau, der amerikanische Finanzminister, wollte aus Deutschland ein Agrarland machen, um jedem Militarismus die Grundlage zu entziehen. Abrüstung bedeutete damals Deindustrialisierung. Das Ruhrgebiet sollte internationalisiert werden. Deshalb kam die Grundstoffindustrie nach der Niederlage zu ihrer Zähmung als erstes unter alliierte Kontrolle.

Wie sollte es weitergehen? Demontage oder Sozialisierung waren in Westdeutschland die Alternativen. In Ostdeutschland waren sie nicht Alternative, sondern Addition.

Aus der Sackgasse führte in Westdeutschland die europäische Lösung, die nach ihrem Initiator »Schuman-Plan« genannt wurde. Kohle und Stahl wurden »entnationalisiert«. Die Montanunion musste unter wütendem Protest der Nationalisten durchgesetzt werden. Sie sahen in ihr »den Verkauf Deutschlands«. Auch die SPD war seinerzeit nicht frei von nationalistischen Tönen. Kurt Schumacher, ihr damaliger Vorsitzender, attackierte Adenauer als »Kanzler der Alliierten«.

Mit der Montanunion kehrte Westdeutschland in die europäische Politik zurück. Die westlichen Siegermächte und die europäischen Nachbarn nahmen die Bundesrepublik wieder in die Staatengemeinschaft auf.

Die Präambel zum Montanvertrag verkündete im April 1951, dass »der Weltfriede nur durch schöpferische, und den drohenden Gefahren angemessene Anstrengungen gesichert werden kann«. Und weiter: Das Ziel sei, »durch Errichtung einer wirtschaftlichen Gemeinschaft den ersten Grundstein für eine weitere und vertiefte Gemeinschaft unter Völkern zu legen, die lange Zeit durch blutige Auseinandersetzungen entzweit waren«.

Die Montanunion war also hinterrücks nicht nur ein wirtschaftliches Projekt, sondern der politische Anti-Morgenthau-Plan. Sie sollte der europäische Weg zur gemeinsamen Friedenssicherung sein. Der Gründungstext aus dem Jahre 1951 zeigt, dass die Gründer nicht nur ans Geldverdienen dachten, wenn es um Wirtschaft geht, sondern in historischen Dimensionen planten.

Die Briten hatten an der Ruhr, bevor die Montanunion einsetzte, vorauseilend bereits mit der Demontage der Industrieanlagen begonnen und waren dabei auf den erbitterten Widerstand von Gewerkschaften und Arbeitgebern gestoßen. Die »Klassenfeinde« wehrten sich gemeinsam. Ein Ergebnis der Gemeinsamkeit waren die Vereinbarungen zur Mitbestimmung, die schon vor der späteren gesetzlichen Regelung zustande kamen. Die Mitbestimmung ist das beispielhafte Kompromissprodukt des rheinischen Kapitalismus. »Gibst du mir, so geb' ich dir.« Die Gewerkschaften verzichteten auf Sozialisierung und die Unternehmer auf Alleinherrschaft.

Adenauer sanktionierte später diesen partnerschaftlichen Überlebenspakt mit der gesetzlichen, paritätischen Montanmitbestimmung.

Und beide, Montanunion und Mitbestimmung, sind die zwei Marksteine des westdeutschen Wiederaufbaus. Die Montanunion beruhigte nach außen hin die Ängste der Franzosen und Briten vor einem Widererstarken der Ruhrbarone, und die Mitbestimmung befriedete nach innen den Klassenkonflikt zwischen Arbeit und Kapital.

Montanunion und Mitbestimmung sind also die Geschwister eines europäischen und sozialen Neuanfangs: das europäische Modell sowohl zwischen Nationalismus und globaler Nivellierung als auch zwischen Sozialismus und Kapitalismus.

Mit Europa dem Militarismus das Ende bereiten

Um die europäische Einigung auf die Spitze zu treiben, wollte Adenauer sogar noch das Militär unter die Fahne einer Europäischen Verteidigungsgemeinschaft bringen. Ausgerechnet die Armeen, herkömmlicherweise der Inbegriff der nationalen Selbstherrlichkeit, sollten »europäisiert« werden.

Schluss also mit dem nationalen Tschingderassabum, mit Stechschritt und Paradenmärschen, welche das in Schritt gesetzte nationale Imponiergehabe waren. Das kühne Vorhaben ließ sich nicht umsetzen. Adenauer scheiterte ausgerechnet an der Borniertheit französischer Sozialisten, die zwar die *Internationale* sangen, aber nationalistisch handelten und die Europäische Verteidigungsgemeinschaft ablehnten.

Die französischen Sozialisten unter Pierre Mendès France gaben den nationalen Interessen den Vorrang vor den europäischen. Die Idee einer Europäischen Verteidigungsgemeinschaft (EVG) hatte zunächst viele Freunde auch in der französischen Regierung, die beunruhigt war von der Vorstellung, eine starke deutsche Bundeswehr könne ein Eigengewicht entwickeln, welches das französische Interesse störe.

Als es aber 1954 zur Entscheidung über eine mögliche europäische Armee kam, erschien der französischen Regierung die Möglichkeit eines »nationalen Geschäftes« mit den Sowjets wichtiger als die europäische Chance einer integrierten Armee. Frankreich hatte am 7. Mai 1954 eine demütigende Niederlage im Kampf um die Festung Dien Bien Phu in Vietnam erlitten. Darüber stürzte die Regierung des Christdemokraten Georges Bidault. Mendès France beerbte seinen Vorgänger, indem er die Kolonialherrschaft konsequent abbaute. Die Sowjetunion erlaubte ihm dabei den gesichtswahrenden Rückzugsakt, der die Teilung Vietnams zur Folge hatte – eine Teilung, die nicht den militärischen Chancen und den Vorstellungen des aufständischen Ho Tschi-Minh entsprach, der ganz Vietnam unter die rote Flagge bringen wollte (was ihm später auch gelang).

Mendès France erfüllte im Gegenzug der Sowjetunion den Wunsch, die EVG zu verhindern. Eine Hand wäscht die andere. Frankreich gab seinen Interessen in Asien den Vorzug vor seinen europäischen Ambitionen.

Moskau ließ Ho Tschi-Minh im Stich, die Franzosen Europa. Die Verhinderung der Europäischen Verteidigungsgemeinschaft war ein systemübergreifender west-östlicher Doppelverrat. Das Nichtzustandekommen der EVG war den Kommunisten wichtiger als die Erweiterung ihres Imperiums in Asien und den Franzosen wichtiger als ihre europäische Verantwortung.

So geschieht es oft in Europa. Wenn es ernst wird, ist das nationale Hemd näher als der europäische Rock. Genutzt hat es Frankreich wenig. Es verlor zuletzt trotz des Verzichts auf europäische Interessen seine asiatische Position. Es war kurzsichtig wie immer, wenn nationaler Egoismus bessere Ziele verhindert.

Die französischen und sowjetischen Taktiker verfehlten damit beide ihre strategischen Ziele.

Europa – wichtiger als der Nationalstaat

Im Gegensatz zu den vielen politischen Taktikern zugunsten des Nationalstaates handelte 1952 Konrad Adenauer als europäischer Stratege, indem er das Angebot Stalins ablehnte, die Wiedervereinigung Deutschlands um den Preis seiner Neutralisierung zu akzeptieren. Das neutralisierte Deutschland wäre wahrscheinlich zwischen den Ost-West-Blöcken zerrieben und zum Zankapfel im Zentrum Europas geworden mit destabilisierender Wirkung, wie so oft in seiner Geschichte. Zu guter Letzt wäre das neutralisierte wiedervereinte Deutschland mitsamt Europa im Vorhof der Sowjetunion gelandet.

Adenauer gab der langfristigen Integration Westdeutschlands in Europa den Vorzug vor einer kurzfristigen nationalen Wiedervereinigung.

Die Solidaritätsverweigerer

Europa wird nie ein dauerhafter Faktor der Weltpolitik, wenn im Ernstfall seine Mitglieder ihren nationalen Interessen den Vortritt vor europäischen Pflichten geben.

Die Polen und Ungarn und andere erwarten europäischen Schutz gegen russische Bedrängnisse. Wenn jedoch Europa von ihnen Solidarität in der Flüchtlingsfrage fordert, ziehen sie sich auf nationalen Eigennutz zurück.

Ich habe den heldenhaften Kampf der Arbeiter von der Danziger Leninwerft zeitweise aus nächster Nähe erlebt, weil ich Lech Walesa (in Polen!) konspirativ unterstützte. Ich erinnere mich an geheime Zusammentreffen und Gespräche mit Lech Walesa, Jacek Kuron und anderen. Sie waren alle geprägt von der Sehnsucht, dem »Osten« zu entkommen und nach Europa zurückzukehren. Alles vergessen? Die jetzige polnische Regierung verrät die besten Traditionen von Solidarność.

Im Dezember 1989 war ich mit Helmut Kohl in Budapest. Ich erinnere mich gut, dass die ungarische Regierung vor allem von einer Angst geplagt war, nämlich dass ihr Land wegen ihres Vorpreschens in der Grenzöffnung von der Sowjetunion abgestraft und wieder in den Ostblock heimgeholt werden könne. 1956 war Ungarn schon einmal von sowjetischen Panzern hinter dem Eisernen Vorhang, der Europa teilte, »heimgeholt« worden. Die Erinnerung saß ihnen noch im Nacken.

Und nun opponieren die »befreiten Völker« Polen und Ungarn plötzlich gegen Werte, die sie einst in Opposition gegen die Sowjetunion zu ihrem Programm erklärt hatten. Ihr Lebenstraum war Freizügigkeit. Jetzt sind sie die nationalen Türschließer vor dem Andrang der Bedrängten. Freie Meinungsäußerung war ihr Notruf. Jetzt knebeln sie die öffentliche Meinung und reglementieren Presse, Rundfunk und Fernsehen. Rechtsstaat vor Machtstaat war einst ihre politische Vorfahrtsregel. Jetzt wird das Volk vorgeschoben, um das Recht außer Kraft zu setzen. Es ist der alte Trick, sich als Exekutor des Volkswillens aufzuspielen, wenn es sich um Sicherung von Macht handelt.

Alte und in Ehren ergraute polnische Widerständler verkünden Parolen, mit denen früher ihre Feinde ihnen nach dem Leben getrachtet haben. Kornel Morawiecki einst Solidarność-Kämpfer, inzwischen Alterspräsident des Sejm, trug jüngst den Kalauer aller Unterdrückung vor: »Das Wohl des Volkes steht über dem Recht.« Er hätte nur das Wort »Volk« durch »Klasse« oder »Rasse« ersetzen müssen, um zu erkennen, wessen Lied er singt. Ohne die Herrschaft des Rechts gib es kein Wohl des Volkes. Die Starken bedürfen nicht der Hilfe des Rechtes. Ihnen genügte schon im Neandertal die Keule. Das Recht ist die Waffe des Volkes. Zu den Vorzügen des demokratischen Rechtstaates gehören nicht nur Gesetze, sondern Grundrechte und Gewaltenteilung.

Europa vorwärts – Nation rückwärts

Die Europäische Union ist keine Vereinigung souveräner Staaten, sondern eine Gemeinschaft eigener Art, in der die Nationen einige ihrer Souveränitätsrechte an europäische Institutionen abgegeben haben und noch weitere abtreten müssen. Man kann nicht auf zwei Hochzeiten tanzen: auf der uneingeschränkten nationalstaatlichen Souveränität und der von vertiefter europäischer Integration. Zwischen diesen Alternativen muss entschieden werden.

Je mehr Vergemeinschaftung, umso weniger nationale Souveränität. Das ist ein Gesetz, das selbst dem Schüler der mathematischen Mengenlehre einleuchtet. Man kann nicht teilen und anschließend mehr haben. Die europäischen Verträge geben die Richtung vor: »Immer engere Union der Völker Europas« heißt die vertragliche Vorgabe.

Diese Zielrichtung darf jetzt nicht den Briten zuliebe aufgegeben werden. Den nationalen Parlamenten Vetorechte gegen demokratische Entscheidungen Europas einzuräumen, ist die Installation von nationaler Quertreiberei. Die nationalen Parlamente sind nicht die Oberaufsicht des europäischen Parlaments. Die Briten können nicht europäische Vorteile genießen und Nachteile ausschließen. »Rosinenpickerei« ist nicht die feine englische Art.

Europäische Parteien

Das Europäische Parlament ist nicht die Versammlung von Volksgruppen, sondern von Parteien, die politische Richtungen repräsentieren. Europäische Wahlkämpfe müssen Richtungskämpfe sein und kein Turnier von Nationen.

Sozialisten und Konservative unterscheiden sich nicht durch nationale Herkunft, sondern durch politische Ziele. Ein linker sozialistischer Spanier hat mit einem deutschen Sozialdemokraten mehr gemeinsam als mit seinem konservativen Landsmann. Und ein rechter Mailänder hat mehr Übereinstimmung mit seinen deutschen Gesinnungsfreunden als mit einem linken Turiner.

Deshalb gilt das Prinzip der Nichteinmischung in nationale Angelegenheiten anderer Staaten nicht mehr. Europäische Politik ist permanente Einmischung unter programmatischen Vorzeichen. Sonst können keine europäischen Wahlkämpfe geführt werden.

Die Europawahlkämpfe, an denen ich bisher teilnahm, waren mehr die Fortsetzung nationaler Debatten mit anderen Mitteln. Das war eine Zweckentfremdung der Europawahlen. Ich habe in Europawahlkämpfen über Schulpolitik in Nordrhein-Westfalen und Rentenpolitik in Deutschland diskutieren müssen, obwohl diese und andere Themen nicht im Europäischen Parlament verhandelt werden.

Parlamentarische Entscheidungen werden vom Prinzip Mehrheit und Minderheit geprägt. Solange die nationale Herkunft auch in den Fraktionen des Europaparlaments eine größere Rolle spielt als europäische Fragestellungen, ist dieses Parlament mehr eine Clearingstelle von nationalen Interessen als ein demokratisches Entscheidungsorgan Europas.

Mehrheitsentscheidungen werden jedoch nur hingenommen, wenn es eine die Mehrheit oder Minderheit übertreffende europäische Vertrauensbasis gibt. In den Fraktionen müssen die europäischen Fragestellungen dominieren und nicht das nationale Gepäck, das jeder Abgeordnete mitbringt.

Die Abgeordneten nehmen also auch teil an Diskussionen in anderen Ländern. Wer das verhindert, blockiert eine politisch strukturierte europäische öffentliche Meinung. Unter dem Vorzeichen der gemeinsamen europäischen Zukunft ist den Deutschen nicht egal, was in Polen passiert, und umgekehrt den Polen nicht, was in Deutschland passiert. Deshalb mischen sich auch die Polen zu Recht ein in deutsche Vertriebenenpolitik und Deutsche in die polnische Diskussion um Pressefreiheit.

Europa – eine Schicksalsgemeinschaft

Vielleicht muss sich Europa von jenen Mitgliedern trennen, die es nur als Anlaufstelle für ihre nationalen Geschäfte nutzen wollen.

Das Nichtzustandekommen der Europäischen Verteidigungsgemeinschaft war einst die vertane Chance für einen großen Fortschritt in Europa. Dieses Mal ist Verweigerung der Solidarität in der Flüchtlingsfrage die Absturzgefahr für die Einigung Europas.

Damals wie heute geht es nicht um eine Detailfrage, sondern um die Herzensfrage Europas. Dabei ist Herzensfrage kein kardiologischer Begriff, sondern die Chiffre für den Inbegriff dessen, was Europa sein will: eine Schicksalsgemeinschaft, die auch im Notfall zusammensteht, oder eine Versicherungsgesellschaft zum wechselseitigen Nutzen ihrer Mitglieder?

Die Flüchtlingsfrage entscheidet darüber, ob Europa ein freundliches oder feindseliges Weltgesicht zeigt. Und mehr noch: Anders als die europäische Verteidigungsfrage entscheidet die Antwort auf die Flüchtlingsfrage, ob es weitergeht mit Europa oder dieses historische Projekt schon nach siebzig Jahren beendet wird.

Entwirrung durch Demokratisierung

Der Zustand der europäischen Integration kann nicht so bleiben, wie er ist. Die europäische Einigung verkommt in einem pseudofeudalen Kompetenzgerangel zwischen Rat, Kommission und Parlament. Schon die vielköpfige Repräsentation zeigt einen wirren Gemengecharakter des gegenwärtigen Integrationszustandes.

Die Kompetenzen Europas werden sich nicht aus der Summe der nationalen Institution ergeben, sondern aus einer subsidiären Grundordnung, die also nationalstaatliche Aufgaben nach oben und unten verteilt. Europäische Legislative und Exekutive bündeln »oben« die Zuständigkeiten, »unten« werden regionale Identitäten wichtiger. Zwischen beiden Ebenen wird der Nationalstaat schwächer.

Mehr und weniger Europa

Mehr *und* weniger Europa – das ist das scheinbar widersprüchliche, aber originelle Zukunftsprogramm. Die europäischen Spitzeninstitutionen werden nicht das alles dominierende Zentrum bilden. Sie sind das Zentrum einer gegliederten Zuständigkeit. Einerseits werden die künftige Kommission (die dann vermutlich anders heißt) und das Straßburger Parlament Wichtigeres zu sagen und zu entscheiden haben als ihre heutigen Vorgänger, andererseits werden europäische und nationale Institutionen Zuständigkeiten an die Regionen abgeben müssen. Die Regionen werden eigenständiger. Ein mutiger Länderausgleich und die Stärkung der Kommunalpolitik könnte den Nukleus einer Revitalisierung der Regionen werden. Das entspricht einem Trend der Entwicklung, der sich an vielen Stellen der Welt zeigt. In Europa offenbaren sich in Katalonien und Schottland die neu erwachten Eigenwilligkeiten regionaler Kulturen die sich einer gouvernementalen Nivellierung widersetzen. Sie verlangen mehr Eigenständigkeit. Gleichzeitig müssen Spanien und Großbritannien Aufgaben an Europa delegieren.

Die nationale Ebene also gibt nach oben und nach unten ab.

Der globale Zug ins Weite wird ausbalanciert durch einen Rückzug in überschaubare Gemeinschaften, sonst endet Globalisierung in Heimatlosigkeit und Identitätsverlust. Migration und Identitätsverlust sind nur zwei Seiten der Medaille Heimatlosigkeit.

Die Notwendigkeit globaler Politik und der Bedarf nach der Stabilität einer überschaubaren Gemeinschaft wachsen gleichzeitig. Zwischen großer weiter Welt und Europa auf der einen Seite und überschaubarer Heimat auf der anderen Seite wird der Nationalstaat nur noch eine flankierende Rolle übernehmen. Das Leben wird nicht mehr von ihm dominiert werden. Und es wird das Kunststück der europäischen Integration sein, die gegenläufigen Tendenzen zur Balance zu bringen.

Dem »Mehr-Europa« steht also ein »Weniger-Europa« zur Seite: nicht als Alternativprogramm, sondern ein Komplementärprojekt, das als Ausgleich gegen die notwendige Ausdehnung der politischen Reichweite den Rückzug in identitätsstiftende Geborgenheit sucht. Klein und groß, fern und nah, lokal und global müssen eine neue politische Balance finden.

Ballungszentren als neuer Fokus politischer Zuständigkeit

Die Weltbevölkerung wird sich, wenn die Anzeichen nicht trügen, immer stärker in großstädtischen Ballungszentren konzentrieren. Heute schon leben mehr als die Hälfte der Weltbevölkerung in Metropolregionen und Megalopolen.

Die Kristallisationsformen der modernen Zivilisation sind weder Nationalstaaten noch Kommunen alter Art, sondern neue regionale, verdichtete Lebensgemeinschaften. Sie definieren sich weniger durch Herkunft, sondern werden durch gemeinsame Erwartungen an die Zukunft gebildet. Diese verdichteten Großgemeinschaften werden auch eine interne Pluralität von Lebensformen vertragen, wenn sie ein überwölbendes Bewusstsein einer Schicksalsgemeinschaft zu bilden imstande sind. Die Megacities werden neue Konzepte des Wohnens, der Ressourcennutzung und des Verkehrs erfordern und neue Formen der Kooperation und Kommunikation entwickeln. Wahrscheinlich werden die Zivilisationszentren ein Netzwerk über den Globus ziehen, unter dem die alten Nationalstaaten verschwinden. Die »Commons« werden die eigentlichen kreativen Impulse setzen für einen weiteren Schritt in der Entwicklung der menschlichen Zivilisation. In den neuen städtischen Ballungsgebieten können allerdings auch die Sozialkonflikte der Vergangenheit in elementarer Schärfe kulminieren, wenn sie nicht mit elementarer Weltoffenheit und Toleranz verbunden werden. Deshalb bedarf es neuer Formen kommunaler Solidarität. Die gewachsene Pluralität in der urbanen Zivilisation erfordert einen höheren Aufwand an Solidarität und Toleranz, als in der alten städtischen Kultur notwendig war.

Bereits jetzt leben eine Milliarde Menschen in großstädtischen Slums. Die Abtrennung der Armen von den Reichen wird dort überdeutlich. Und in die Slums strömen die Binnenmigranten aus den agrarischen Gebieten, die entweder von ihrem Grund und Boden vertrieben wurden oder dort für sich keine Perspektive mehr sehen – ein zusätzliches Konfliktpotential.

In den Ballungszentren wird sich die Zukunft der globalen Zivilisation entscheiden.

Wo wollen wir leben? Die Frage dürfen wir nicht allein den Architekten und Baufirmen überlassen. Soziale Kreativität und politische Fantasie jenseits alter Ideologien sind gefragt. Netzwerke werden wichtiger als Hierarchien.

Die »Bürgermeister« dieser städtischen Gemeinschaften sind die neuen Regierungschefs, die freilich nicht autark, sondern in große politische Einheiten eingebunden sind, die durch eine gemeinsame politische Verfassung zusammen gehalten werden. In diesen Großkommunen kreuzt sich Globalität mit Lokalität.

Eine dieser größeren globalen Gemeinschaften wird die Europäische Union sein.

Der Nationalstaat wird für vielleicht noch längere Zeit eine Übergangsgestalt sein und eine Scharnierfunktion zwischen oben und unten ausüben müssen. Eine dominierende Funktion jedoch wird der Nationalstaat im Zeitalter weltweiter Kommunikation und wirtschaftlichen Verflechtungen nicht mehr bewahren. Er bleibt epochengebunden: eine historische Gestalt mit ehedem herausragender Bedeutung. Die Bundestagsabgeordneten gehören wahrscheinlich in hundert Jahren einer aussterbenden Berufsgattung an, deren zukünftige Bedeutung der den heutigen Schützenbrüdern gleicht. Das Führungspersonal der Zukunft sind Europa- und Kommunalpolitiker.

Europäische Identität

Das Zusammenwachsen Europas bedarf gemeinsam zu erledigender Aufgaben und eines gemeinsamen politischen Bewusstseins, das sich in einer europäischen Verfassung manifestiert.

Die Einheit Europas muss politisch legitimiert werden durch ein verfassungsrechtliches Fundament, um dessen Gestalt ein Meinungskampf geführt werden muss. Der Wille zur Zusammengehörigkeit kann nicht in einem elitären Verfassungskonvent erfolgen. Es muss die Marktplätze durch öffentliche Auseinandersetzungen erreichen.

Jenseits von Fremdheit und diesseits von Verwandtschaft versammeln sich die Völker Europas zu einer politischen Union mit eigener neuer Identität. Der Kern dieser Identität ist eine europäische Verfassung. Sie bietet die Grundlage einer Transformation des nationalen Staatsbürgerrechtes, zu einem »Unionsbürgerrecht«, wie es Jürgen Habermas schon 2004 gefordert hat. Wenn sich eine Verfassungsgemeinschaft über die Organisationsgrenzen des Nationalstaates ausdehnt, wachsen auch die Solidarrechte und Pflichten. Alle Europäer werden zu Mitbürgerinnen und Mitbürgern.

Ein klares System der Gewaltenteilung wird Kommission und Parlament stärken. Der Europäische Gerichtshof spielt bereits eine Vorreiterrolle, die sich an nationalen Eitelkeiten nicht stört.

Das Handeln, das den Europäischen Rat bestimmt und die Kommission bisher weitgehend geleitet hat, ist ein Kuhhandel zwischen nationalen Interessen, aber nicht das Ergebnis von Meinungskämpfen, an denen sich die europäischen Bürger beteiligen.

Auch die Europäische Kommission wird sich verändern

müssen. Weil ihr lebenswichtige Entscheidungen nicht zustehen, kümmert sie sich zu viel um bürokratische Nebensächlichkeiten. Unterbeschäftigung in Hauptsachen führt zur Überbeschäftigung in Nebensachen.

Dass der Riesenapparat der Kommission sich um Gurkenkrümmung kümmert, ist ein bekannter Witz. Dass die Bürokraten jedoch auch eine europäische Friedhofsordnung erstellen wollen, ist ein makabres Vorhaben, über das ich nicht lachen kann. Die Toten werden in Palermo anders unter die Erde gebracht als nördlich des Polarkreises. In der Tabuzone des Todes haben europäische Behörden nichts zu suchen. Die fehlgeleitete Aktivität ist offenbar das Ergebnis des Mangels an eigentlicher Lösungskompetenz der Kommission bei großen politischen Fragen, umso mehr vergräbt sie sich in kulturellen Feldern, wo sie nichts zu suchen hat.

Erhabene Belanglosigkeit

Ich war 16 Jahre lang Mitglied des Rates der europäischen Arbeitsminister. Zweimal war ich sogar ihr Vorsitzender. Wenn ich zurückblicke und mich entsinne, waren die meisten Sitzungen von erhabener Belanglosigkeit. Wir hatten keine großen Sachen zu entscheiden, so flüchteten wir in Beschäftigung mit Kleinigkeiten. Es ging um Quoten und Standards, die mehr technischer als politischer Natur waren.

Ich erinnere mich nur an zwei aufregende Projekte: 1. europäischer Betriebsrat und 2. Beitrag zur europäischen Sozialcharta. Während das erste Projekt halbwegs gelang, war das zweite ein Schuss in den Ofen. Dass wir einen gemeinsamen Vorschlag der Sozialpartner und der Regierungen zustande brächten, war vergebene Liebesmüh, denn das Ergebnis, das als Beitrag zur Europäischen Verfassung gedacht war, erwies sich schließlich als Muster ohne Wert, weil die Verfassung gar nicht zustande kam.

Auch im Programm der großen europäischen Politik verrutschen bisweilen die Proportionen.

Es gibt wichtige Themen und noch wichtigere. Gefährlich wird es, wen ein wichtiges Thema sich zum Wichtigsten aufspielt und schließlich alle anderen dominiert. Das geschieht leicht bei wirtschaftlichen Fragestellungen, wo sich »Rezepte« leichter anbieten als im politisch verminten Gelände.

Die »Verbesserung der Wettbewerbsfähigkeit« ist zu einem Mantra der europäischen Politik geworden. Diese Aufgabe, so wichtig sie ist, erreicht nicht das Herz der europäischen Bürger, sodass sie nicht zu einer europäischen Identitätsbildung entscheidend beitragen kann. Zumal die »Verbesserung der Wettbewerbsfähigkeit« im Erfolgsfalle ein Nullsummenspiel ist, weil, wenn alle sich verbessern, sie wieder in der Wettbewerbsposition landen, in der sie vorher waren.

UN: im Ansatz gut, in der Organisation überholt

Auch die Vereinten Nationen als globale Dachorganisation werden reformiert werden müssen. Die heutigen Institutionen entsprechen in Ordnung und Gewichtung nicht mehr den Weltverhältnissen. Es darf nicht sein, dass ein paar Vetomächte bestimmen, was auf der Welt gespielt wird. Das Veto einer Großmacht legt den Rest der Welt lahm. Dieser Rest aber wird sich nicht weiter zum Objekt der Weltmächte degradieren lassen, auch weil es demnächst keine Weltmächte (im alten Sinne) mehr geben wird.

Die Idee der Vereinten Nationen ist nichts als lediglich die Summe der Staaten, die seine Mitglieder sind. Auch hier gilt der Aristotelische Satz: Das Ganze ist mehr als die Summe seiner Teile. Die nationalstaatliche Perspektive verengt die menschenrechtliche Sicht auf die prinzipielle, weltweit geltende Gleichheit aller Menschen. Die Ungleichheiten, welche die Welt spalten, werden von den Menschen vorwiegend noch als Ungleichheiten in nationalen Dimensionen wahrgenommen. Das Leistungsprinzip, von dem die Gerechtigkeit gespeist wird, gebietet, Gleiches gleich und Ungleiches ungleich zu behandeln. Was aber als gleich und ungleich angesehen wird, erscheint vornehmlich im nationalen Blickfeld.

Noch erregen wir uns hierzulande über Einkommensgefälle zwischen Durchschnitts- und Spitzenverdienern, die stellenweise das Verhältnis von 1:50 erreichen. Dass anderswo auf der Erde die Kluft noch größer ist, bleibt außerhalb unseres Erregungspotentials.

Auch die Arbeiterschaft führt ihre Kämpfe vornehmlich national. Trotz der Sozialistischen Internationale sind die Klassenkämpfe immer nationale Konflikte geblieben. Die Proletarier aller Länder singen international und streiken national.

Ich habe noch keinen Streik von Verdi etwa für Kaffeeanbauer in Ghana erlebt und keinen Arbeitskampf der IG Metall- für die Stahlkocher in Indien.

Die UN muss die institutionelle Transformation der nationalen Verantwortung in globale Dimensionen vorantreiben. Sie muss die Fäden eines globalen Netzwerkes ziehen, welches den Globus umspannt, um so das Bewusstsein der einen Welt zu stärken, auf der wir zusammen leben.

Die neuen Kommunikationstechnologien erlauben es, räumliche Distanzen in Echtzeit zu überwinden und ein politisches Weltgespräch zu ermöglichen. Der Internetversandhandel macht vor, was politisch nachgeholt werden muss. Weltweite politische Bekanntschaften müssen nationale, rassistische und andere Ressentiments zerstören.

Die UN bedarf einer Fundamentaldemokratisierung.

ILO: Gut geschlafen? Guten Morgen!

UN-Organisationen, wie beispielsweise die Internationale Arbeitsorganisation (ILO), müssen vom Kopf auf die Füße gestellt werden. Sie haben den Kontakt mit der Praxis lange verloren und sind ein mit sich selbst beschäftigtes bürokratisches Monstrum, in dem Tausende von Bürokraten Tausende von Zentnern Papiere bedrucken, die niemand liest. Ihre internationalen Konventionen sind das Papier nicht wert, auf dem sie stehen. Die ILO-Übereinkommen über das Verbot der schlimmsten Formen der Kinderarbeit vegetiert vor sich hin. Kein Hahn kräht danach, obwohl es fast von allen Staaten unterschrieben wurde.

Während die Zahl der Kindersoldaten wächst, Kinderprostitution ein globales Tourismusvergnügen ist, Kinder in indischen Steinbrüchen schuften, verkündete die ILO in Broschüren im Vierfarbdruck: »Das Ende der Kinderarbeit ist zum Greifen nah!«

Besser kann die Internationale Arbeitsorganisation nicht dokumentieren, dass sie vor Ort im Dunklen tappt, während ihre Vollversammlung im Glanz abendlicher Empfänge ihre Folgenlosigkeit feiert. Die Aktionen der ILO sind allesamt Vorführungen von Papierfliegern, die durch die Lüfte segeln und außer Staunen nichts bewirken.

Dabei ist die Internationale Arbeitsorganisation die einzige UN-Institution mit zivilgesellschaftlichen Trägern. In ihr sind Gewerkschaften und Arbeitgeberverbände neben den Staaten integriert. Die ILO ist nämlich dreigliedrig: Staaten, Gewerkschaften und Arbeitgeber.

Im großen Konzert der Globalisierung spielen die Weltbank und der Internationale Währungsfonds die ersten Geigen. Die ILO ist ein Totalausfall. Ausgerechnet von der Arbeitsorganisation der Vereinigten Nationen hört man nichts, obwohl die Ausbeutung der Arbeit Weltwerktag ist. Ein Armutszeugnis!

Guten Morgen, liebe Funktionäre! Gut geschlafen?

Nicht Oberlehrer, aber Antreiber

Europa ist ein wichtiger Mitspieler in einer neuen Weltordnung, wenn es sich vereint. Wir Deutschen sollen und wollen Antreiber der Integration sein, aber nicht als Oberlehrer. Zu besserwissendem Hochmut auf deutscher Seite besteht auch kein Grund. Wir haben z.B. die Maastrichter Kriterien für den Haushaltsplan früher gebrochen als die Griechen.

Und als in Lampedusa täglich die Flüchtlinge ankamen, taten wir bis 2015 so, als ginge uns das nichts an. Erst als die Flüchtlinge weiterzogen und vor unserer Tür standen, riefen wir nach europäischer Solidarität. Unsere weiße Weste hat auch Flecken.

Familie als Stütze einer neuen Geborgenheit

Auf der Rückseite des europäischen Großprojektes steht die Pflege der kleinen Gemeinschaften, deren Urzelle die Familie ist. Die große Weltgesellschaft und die kleine Lebensgemeinschaft Familie sind die entgegengesetzten Pole des Le-

163

bens. Beide sind lebenswichtig. Große Gesellschaft und kleine Gemeinschaft halten das Gleichgewicht zwischen Außenorientierung und Innensteuerung.

Die Familie erhält im Zeitalter der Globalisierung eine elementare Funktion in der Stabilisierung des emotionalen Haushaltes der Geborgenheit, auf die die Menschen nicht verzichten werden.

Die Familie ist die urwüchsige Gestalt der Vergemeinschaftung. Selbst in den primitiven Horten der Vorzeit gab es die Paarbeziehung und die Kleingruppe Familie. Die Menschwerdung des Menschen hat in der Familie nicht nur die biologische Voraussetzung, sondern auch ihre kulturelle.

Die Bindungsfähigkeit des Menschen ist offenbar emotional nicht beliebig dehnbar. Mit der Zunahme von globaler Vergesellschaftung und Kommunikation wird im Gegenzug die Nachfrage nach Nähe und Intimität wachsen.

Die Familie ist die Kernzone der Intimität und als Stützpunkt der Privatheit auch Rückzugsort, der vor der totalen Transparenz und Überwachung des Lebens schützt.

Es ist nicht verwunderlich, dass sich alle totalitären Systeme, welche die Menschen nicht nur regieren, sondern auch erobern wollten, als erstes daran machten, das Widerstandsnest Familie aufzuheben. Darin unterschied sich Robespierre nicht von Stalin.

Die Familie ist der erste Lernort des Menschen, der ein primärer Nesthocker ist. Mit Lernen ist dabei nicht in erster Linie Wissensvermittlung gemeint, sondern zuvorderst eine Verhaltensschule. Keine Kita kann im Normalfall die Eltern-Kind-Beziehung ersetzen, weil professionelle Zuwendungen von anderer Art sind als personelle Beziehungen.

Das Programm »Vereinbarkeit von Familie und Beruf«, das diesen Kerngedanken außer Acht lässt, degeneriert sehr schnell zur Unterordnung der Familie unter die Erfordernisse der Wirtschaft. Die Frau, welche ihr Baby in den Armen hält, im Kopf die nächste Konferenz des Firmenvorstands hat, dessen Mitglied sie ist, und mit den Füßen Gymnastik betreibt, ist eine Karikatur der emanzipierten Mehrzweckpersönlichkeit, die wir bewundern.

Die Familie ist die letzte antikapitalistische Bastion. In ihr gilt das »Wir« und nicht das »Mein und Dein«. Das ist in einer Zeit der totalen Individualisierung aller Lebensbezüge und ihrer Verwirtschaftung ein Rettungsanker der Solidarität des Menschen.

Subsidiarität

UN und Familie, Europa und die Regionen sind Gegenpole und könnten doch Kristallisationskerne einer neuen Weltgesellschaft werden, die durch abgestimmte Zuständigkeiten gegliedert wird.

Der Masterplan einer neuen Weltordnung wird durch das Prinzip Subsidiarität gebildet. Sie ist das Prinzip der Gliederung, das der jeweils kleineren Gemeinschaft die Vorfahrt einräumt.

Gliederung der Kompetenzen ist das Gegenmittel zu allen totalitären Nivellierungen.

Europa und seine Regionen können mit Hilfe der Subsidiarität die Synthese von Einheit und Vielheit bilden.

Subsidiarität ist das modernste Prinzip politischen Handelns. Mit Hilfe dieses Prinzips, das Kompetenz durch Gliederung verteilt, wird die Verantwortung zwischen Individuen und Staat neu geordnet. Im Sozialstaat bietet sich dafür das genossenschaftliche Modell der reziproken Verpflichtung an. Es gibt die goldene Regel, deren Kurzfassung lautet: »Wie du mir, so ich dir.«

Ihren sozialpolitischen Ausdruck findet bei uns in Deutschland diese subsidiäre Maxime in der Sozialversicherung: Leistung für Gegenleistung. Ohne Beitrag kein Anspruch, allerdings im Unterschied zur Privatversicherung mit eingebautem Solidarausgleich, denn der Beitrag ist hier nicht vom Risiko abhängig wie dort, sondern von der Leistungsfähigkeit. Wer alt und/oder krank ist, muss in der Privatversicherung einen höheren Beitrag zahlen. In der Sozialversicherung ist der Lohn der Bezugspunkt des Beitrags.

Diese Art von gesellschaftlicher Organisation unterscheidet sich sowohl vom amerikanischen Sozialmodell, dessen Grundlage die private Selbstvorsorge ist, als auch vom skandinavischen Sozialstaat, der die steuerfinanzierte Staatsversorgung in den Mittelpunkt stellt.

Die Konstitution europäischer Sozialstaatsmodelle entspricht weitgehend dem Bismarck'schen Sozialversicherungsmodell. Es könnte die Grundorientierung eines europäischen Sozialstaates sein, weil mit der Beitragsbezogenheit auch eine relative Entkoppelung von der räumlichen Zugehörigkeit des Anspruchsberechtigen verbunden ist. Beitragsfinanzierte Sozialsysteme sind mit Mobilitätsanforderungen und Wanderungen leichter kompatibel als steuerfinanzierte.

Europa: Ja oder Nein

Europa hat nur die Alternative: Einigung oder Auflösung.

Größe allein ist keine Bestandsgarantie. Das Imperium Romanum war am Ende, als die Römer nicht mehr die *res publica* als eine öffentliche Verpflichtung ansahen, sondern es sich in ihrem privaten Luxus bequem machten. Europa ist am Ende, wenn es nicht seine »öffentlichen Angelegenheiten als Gemeinpflicht« anerkennt. Eine politische Gemeinschaft, deren Mitglieder nicht mehr über den Tellerrand ihrer Vorteilsmaximierung hinausdenken, ist dem Untergang geweiht.

Wenn die europäischen Staaten sich von der Bindung an die europäische Integration losreißen, werden sie zurückfallen in alte nationalstaatliche Bedrängnisse, wo jeder Staat jeden belauert und jeder jeden übertreffen will. Die Grenzen werden wieder kontrolliert werden, und an ihnen wird die Freizügigkeit enden. Der Euro wird verschwinden. Mitten im Zeitalter der Globalisierung entsteht im günstigsten Fall eine nationale Schrebergartengesellschaft, im schlimmsten Fall jedoch ein europäisches Haifischbecken – und Deutschland mitten drin.

Realität und Vision

Das Blitzlicht der Erkenntnis beleuchtet zwei Seiten der Welt: wie sie ist und wie sie sein könnte.

Das eine gibt die Realitäten wieder, das andere die Visionen. Am Schnittpunkt dieser Vorstellungen, vom »Ist« und vom »Sollen«, entstehen die großen Konflikte der Zukunft. Es trennen sich Fatalismus und Aufbruch. Zwischen Fatalismus und Aufbruch liegt der Aufschrei. Der Aufschrei ist das Signal der Wende. Er ist das letzte Wort vor der Entscheidung. Vor- oder rückwärts!

Sind wir noch zu retten?

Der Fatalismus ist das Programm der Resignation. Der Aufbruch ist der erste Schritt aus dem Elend. Die eine Richtung führt in die Sackgasse des Niederganges, die andere in eine neue veränderte Welt, die vom Widerstand gegen die alten Verhältnisse angetrieben wird.

Widerstand führt nur weiter, wenn er sich mit der Vision einer besseren Welt verbindet. Das Gegen ohne das Dafür landet im Stau ohne Ausweg.

Ideen verändern die Welt, wenn ...

Ideen, welche die Massen ergreifen, werden zu einer unwiderstehlichen Macht. Gegen Ideen, von denen die Mehrheit der Menschen überzeugt ist, ist auf Dauer kein Kraut gewachsen. Ich wünsche mir wieder Wahlkämpfe, in denen es um Richtungsentscheidungen geht: etwa zwischen Europa und dem Nationalstaat. Der AfD muss man nicht wahltaktisch entgegenkommen, sondern ideell entgegentreten.

Dass Ideen, entgegen der zynischen Annahme von Machthabern, eine produktive Kraft sind, galt mit anderer Bedeutung beispielsweise auch für das Ende des Sozialismus. Die Zeit war reif.

Die Menschen des Ostblocks hatten das Reglementiertwerden satt. Sie hatten Hunger nach Freiheit. Die Mächte des Kreml und der Stasizentrale in Ostberlin waren der friedlichen Gewalt der Menschen nicht gewachsen, als die sich den Weisungen von oben nicht mehr beugten. Es war eine Gewalt der Ideen gegen die Macht der Unterdrückung.

Die waffenstrotzende Sowjetunion ist nicht unter dem Beschuss von Raketen und unter dem Ansturm von Nato-Panzern zusammengebrochen, und die Nationale Volksarmee ist nicht vor der Bundeswehr in die Knie gegangen. Eine Handvoll Männer und Frauen von der Leninwerft in Danzig läuteten das Totenglöcklein des Sozialismus. Sie waren zwar waffenlos, aber sie waren im Besitz einer Idee: der Idee der Freiheit!

Keine zehn Jahre später gingen die »Massen« in der DDR auf die Straße. Es war kein planwirtschaftliches Soll, das sie auf die Straße trieb, sondern ihr freier Wille. Ohne die Bürgerinnen und Bürger der DDR, die nach Freiheit verlangten, wäre die Vereinigung Deutschlands nie gelungen. Die Wiedervereinigung war ein Vehikel der Freiheit, nicht das Instrument eines Pegida-Nationalismus, sonst säße das Zentralkomitee SED noch heute fest im Sattel.

Die Politik begriff rechtzeitig die Zeichen der Zeit. Michail Gorbatschow allen voran. Helmut Kohl zögerte nicht, die Chance zu nutzen, obwohl viele kluge Leute ihm geraten hatten, den Umweg über eine Föderationen zu gehen. Selbst der damalige Bundespräsident Richard von Weizsäcker zählte zu den Zögernden. Kohl entschied sich für den kurzen Weg zur Einheit ohne Zwischenschritte einer Konföderation oder Ähnlichem. Es war, wie wir im Nachhinein wissen, der einzige Weg, der zum Ziel führte. Das »Tor der Einheit« stand nur für eine weltgeschichtliche Sekunde offen. Der Mantel der Geschichte, dessen Zipfel es zu ergreifen gilt, weht nicht im lauen Lüftchen, sondern zieht manchmal im Sturm vorbei. Wenig später wäre kein Gorbatschow zu finden gewesen, der die Kraft gehabt hätte, Einheitsverträge (Zwei plus Vier) zu unterschreiben. Die Revolution verlief friedlich.

Die Menschen waren überzeugt, wir schaffen das, und deshalb verzichteten sie auf den Ausweg der Flucht. Der Osten machte sich nicht auf den Weg nach dem Westen. Die Menschen hegten die Hoffnung auf eine Zeitenwende. Die Hoffnung war geprägt von der Idee der Freiheit und des Friedens.

Diese Macht der Ideen gilt es wieder zu mobilisieren. Diesmal geht es nicht darum, den Eisernen Vorhang hochzuziehen, um Systemgrenzen zu beseitigen. Diesmal geht es darum, eine neue Völkerwanderung zu verhindern und so zu verhindern, dass Heimatlosigkeit zum Globalisierungsschicksal wird.

Kapitel 10
Resümee

Zu den traurigsten Ereignissen des letzten Jahres zählt das Versagen der europäischen Nationen in der Flüchtlingsfrage. Jeder ist sich selbst der Nächste. Über die Verteilung von 160 000 Flüchtlingen konnten sich die europäischen Regierungen nicht einigen. Dabei ist das eine Restsumme, die dem Andrang von ein paar Wochen entsprach. Aber noch nicht einmal dieses mickrige Kleinkontingent wurde verteilt.

600 Flüchtlinge sind das Ergebnis der europäischen Verteilung. 159400 weniger als gewollt. Wer soll dieses Europa noch ernst nehmen. Beim Geld abholen stehen sie in Brüssel Schlange, beim Helfen sind sie nicht zu sehen.

Wer unfähig ist, 160 000 Flüchtlinge solidarisch zu verteilen, während Deutschland über eine Million aufnimmt, muss politische Insolvenz anmelden. Wer nicht einen Meter hochspringen kann, soll sich keine Weltrekordversuche vornehmen.

Die Disproportionalität zwischen Handlungsfähigkeit und Herausforderung der Europäischen Union erreichte auf dem Sondergipfel im Februar diesen Jahres ihren makabren Höhepunkt, als es um das Verbleiben Großbritanniens in der EU ging. Während tausende von Flüchtlingen in Gefahr sind, im Mittelmeer zu ersaufen, verhandeln 28 Regierungschefs zwei Tage und Nächte, ob den Flüchtlingen, die es bis Großbritannien geschafft haben, die Sozialleistungen vier oder elf Monate lang gekürzt werden können.

Damit sollen die Briten besänftigt werden, damit sie für den Verbleib in der EU stimmen.

Das ist so unangemessen, wie es wäre, wenn Seeleute, die bei stürmischer See gegen den Untergang ihres Schiffes kämpfen, über die Sitzgelegenheiten im Rettungsboot streiten würden.

Bürger für andere

Zu den erfreulichsten Ereignissen des letzten Jahres gehört die Reaktion der Bürgerinnen und Bürger unseres Landes auf die Flüchtlinge.

Die Menschen sind weiter als die Regierungen.

Die spontane Hilfsbereitschaft vieler, vieler Menschen ist die eindrucksvollste Widerlegung des neoliberalen Menschenbildes.

Als Vorteilsmaximierer hätte der Mensch schon die Härten der Natur nie überlebt. Nur als kooperative Spezies schaffte er es, seine natürlichen Ausstattungsmängel zu kompensieren. Es macht dem Menschen (normalerweise) mehr Spaß zu helfen als zu schaden. Glück jedenfalls ist kein Kind des Egoismus. Egoismus erzeugt eher Traurigkeit bis zur Depression als Gelassenheit bis zur Fröhlichkeit.

Liebe, die landläufig als die stärkste Glückserfahrung gilt, ist jedenfalls nicht das Ergebnis einer Kalkulation. Liebe liefert das paradoxe Ergebnis, das Teilen reicher macht.

Die Rückbesinnung auf die besseren Seiten des Menschen ist unsere Chance nach einem Jahrhundert, in dem Europa der Schauplatz entsetzlicher Menschenverachtung war.

Die Renaissance der Europäer darf nicht museal rückwärtsgewandt sein, sondern offensiv zukunftsgerichtet. Es geht um ein zukünftiges Europa, das seine besten Traditionen revitalisiert und bereit ist, aus alten nationalstaatlichen Fehlern zu lernen. Aus Fehlern klüger zu werden ist das Geheimnis der Weisheit. Europa muss aus seinen nationalistischen Irrungen und seinem Versagen lernen, klüger zu werden.

Ökumenisches Europa

Wenn die drei großen monotheistischen Religionen Judentum, Christentum und Islam sich ihrer großen Gemeinsamkeit erinnern, dass sie nämlich alle drei an einen einzigen Gott glauben, welcher der Schöpfer aller Menschen ist, wäre ein neues Fundament des Miteinanders gefunden. Denn wenn alle Menschen Kinder Gottes sind, sind alle Menschen Geschwister. Ein geschwisterliches Europa wäre eine neue Form einer mächtigen Ökumene, welche einer zerstrittenen Welt den Spiegel vorhält.

Europa könnte so zu einer realisierten Utopie werden, von der in der berühmten Ringparabel erzählt wird, die Lessing seiner Hauptfigur in *Nathan der Weise* in den Mund legt.

In einem Königshaus wurde ein Wunderring von Generation zu Generation dem jeweiligen Lieblingssohn vererbt. Seinem Träger verschaffte er die Gabe, »vor Gott und Mensch angenehm zu sein«. Die Erbfolge des Glücks gelang und blieb ungestört, bis eines Tages der Vater sich nicht entscheiden konnte, welchem seiner drei Söhne er den Ring übergeben solle, denn er hatte sie alle gleich lieb. So entschloss er sich zu zwei Nachahmungen, die vom Original nicht zu unterscheiden waren, und überließ dem wirklichen Leben den Beweis, welcher der echte Ring sei.

Den Dreien gab er mit auf den Weg:

>»Es eifre jeder seiner unbestochnen
Von Vorurteilen freien Liebe nach!
Es strebe von euch jeder um die Wette,
Die Kraft des Steins in seinem Ring' an Tag
Zu legen!«

Die Quintessenz der Ringparabel ist die Lehre des Humanismus, das alle Menshcen gleiche Würde besitzen. Wer Recht hat, erweist sich im realen Leben.

»Wir sind ein Volk.« Was heißt denn Volk?

»Sind Christ und Jude eher Christ und Jude als Mensch?«, fragt Nathan.

Die Religion der Menschlichkeit ist in der neutestamentlichen Botschaft enthalten, denn »Gott ist Mensch« geworden. Mehr Säkularität geht nicht!

Die noch nicht verwirklichte Utopie besteht in dem Glauben, die Religionen seien fähig, sich im Wettstreit um die wahre Menschlichkeit zu vereinen.

Selbst Märchen können wahr werden. Warum sollte der Glaube, der doch Berge zu versetzen verheißt, nicht auch fähig sein, Hass und Feindschaft ins Nichts zu befördern?

Europa ist Beweisprobe für die Religionen, welchen Beitrag zum Frieden sie im Zeitalter aufgeklärter Vernunft zu leisten imstande sind. Die drei großen monotheistischen Religionen müssen die Beispielgeber für Toleranz werden. Das ist ihre neue Funktion in einer Welt, in der sich die Menschen endlich vertragen.

Dazu bedarf es einer permanenten kritischen Selbstbetrachtung, die den Kern des Glaubens von seiner zeitgeschichtlichen Verkleidung zu unterscheiden weiß. Auch für

174

den Islam gilt der Grundsatz *semper reformanda*. Dem Islam steht eine historische kritische Selbstüberprüfung noch bevor, die zuvor dem Christentum sehr schwer gefallen ist (und immer noch schwerfällt).

Europa soll seinen Beitrag für eine Welt leisten, in welcher der Mensch wichtiger ist als das Geld.

Unterwerfung als Alternative

Ist die düster-heitere Utopie der *Unterwerfung*, die Michel Houellebecq in seinem neuen Roman beschreibt, gar der Entwurf einer realen Zukunft, in der das alte Europa, zerstritten in überkommene Kämpfe zwischen rechts und links, schließlich Platz machen muss für ein muslimisches Reich? Rückwärtsgewandt erscheinen dann Faschismus und Kommunismus nur als die Abstiegsstufen, die den Zusammenbruch Europas vorbereiteten, gegen den es sich in einem kurzen Aufbruch nach dem Zweiten Weltkrieg verzweifelt wehrte. Dieser kurzen europäischen Renaissance ging allerdings schnell der Atem aus.

Zur Ironie der Geschichte gehört, dass sich der Materialismus, den der Kommunismus zur Weltanschauung erklärt, nach seiner Niederlage sich zur Staatsreligion des kapitalistischen Materialismus mausert. Ist der Verlierer gar der Sieger, weil er der Mainstream der globalen Welt wird?

Die Verlockungen der Geldwirtschaft, die ironischerweise von Europas kolonialem Kind, den Vereinigten Staaten von Amerika ausgingen, entfremdeten Europa von seinen besten Traditionen.

Ein glaubensstarker Islam, der weiß, was er will, beerbt nach Houellebecqs Fantastereien das schlappe europäische Christentum, das sich in seine neuen Kerngebiete nach Afrika und Lateinamerika zurückzieht. In diesen Gedankenspielen eines französischen Intellektuellen ist viel Irrsinn verpackt. Aber auch im Irrsinn versteckt sich bisweilen das Körnchen Wahrheit, das jeder Häresie innewohnt.

Ein islamischer Frühling überrascht das altersmüde Christentum. Über Jahrhunderte bis hin zur Neuzeit empfanden die Christen den Islam als ein rückständiges Religionsmodell, das den Zeichen der Herausforderung der modernen technologischen Welt nicht gewachsen sei. Der militante Teil versetzt nun das bequem gewordene Christentum in Angst und Schrecken. Der friedliche Teil allerdings lädt zu einem Wettbewerb für eine bessere Welt ein.

Ich entsinne mich noch eines langen Gespräches 1956 mit dem Pfarrer der Auslandsdeutschen in Istanbul, Karl Kureck. Ich hatte wochenlang als trampender Gastarbeiter bei ihm gearbeitet. Gelangweilt lächelnd erklärte er mir, der Islam neige sich seinem Ende zu. Der muslimische Busfahrer könne nicht fünfmal am Tag beten. An solch einfachen Gegebenheiten scheitere der Islam. Die technische Zivilisation mache ihm den Garaus. Welch ein Irrtum. Wenige Jahre später sah ich auf dem Flughafen in Aden den Piloten der Boeing kurz vor dem Start auf dem Boden kniend nach Mekka gerichtet beten. Kein Passagiergewimmel, keine laute Durchsage hinderte ihn daran.

Da begriff ich, wie arrogant der Hochmut der Christen ist, die annehmen, sie seien die geborenen Weltgestalter. Wir Christen schlossen von unserem privatisierten Glauben auf ebenso privatisierte Muslime. Das war ein Fehlschluss. Der Islam schickt sich an, die Welt zu missionieren und zu erobern. Was stellen Christen dem entgegen?

Das Blatt hat sich gewendet. Die Christen werden sich ihrer Religion bewusst werden müssen, wenn sie nicht verschwinden soll. Ein Christentum im stillen Kämmerlein reicht nicht, die Identität Europas zu sichern. Der Rückzug in die reine Innerlichkeit ist eine Variante der Weltflucht, die bisweilen auch eine Art der getarnten Feigheit sein kann.

Ein weltabgewandtes Christentum ließe sich durchaus in den Nischen einer islamischen Welt einnisten, um dort in Ruhe gelassen zu werden und in Stille zu überleben. Freilich müssten Christen dann auf jene öffentliche Ordnungsaufgabe verzichten, welche die Geschichte des Christentums prägten. Die oft verzweifelte, manchmal auch missglückte Anstrengung, zur Ordnung der Welt einen Beitrag zu leisten, hat Kirche und Christen in Kriege, zu Verbrechen und auf Irrwege geführt, aber auch großartige Beiträge zur Kultur und politischen Zivilisation geleistet.

Die Kultur Europas ist ein imponierender Ausdruck christlicher Schaffenskraft. Kirchen und Klöster, Schulen und Universitäten künden von der Kraft christlicher Kultur, die Europa prägte.

Oft unter Leiden und Rückschlägen und Verirrungen entstand die »europäische Kultur«, und die ist weder nationalistisch noch materialistisch und schon gar nicht rassistisch. Fremde waren sie irgendwann alle einmal: die Germanen, Etrusker, Römer, Hunnen, Slaven … Das Christentum hat die Barbaren gezähmt, indem es sie taufte und die Botschaft von der Geschwisterlichkeit aller Gotteskinder verkündete.

Über die Ordnung ihrer Lebensverhältnisse haben sie immer gestritten, blutig und friedlich. Politik war immer im Spiel.

Das mittelalterliche Ringen zwischen Papst und Kaiser führte schließlich zu einer Ordnung, die geistliches und kaiserliches Schwert voneinander schied. Sie ermöglichten die Trennung zwischen Staat und Religion, auf deren Grundlage demokratische Gewaltenteilung und moderne Rechtstaaten aufbauten.

So ist im mittelalterlichen Dualismus von Kaiser und Papst die Grundkonstellation der Machtverteilung gelegt, welche die stärkste Freiheitssicherung bedeutet: Keine Macht darf so stark werden, als dass sie nicht die Gegenmacht fürchten muss. Die Demokratie verteilte die Macht auf Legislative, Exekutive, Judikative um und erklärte politische Macht als beschränkte Macht, nämlich auf Zeit.

Dem Islam steht noch die Lektion von der Trennung von Staat und Kirche bevor. Solange er die nicht lernt, werden es die Muslime schwer haben mit der Demokratie, die zu unseren größten zivilisatorischen Errungenschaften zählt.

Perspektiven

Vieles ändert sich. Manches vielleicht sogar fundamental. Ist entgegen allem Augenschein und aller Erfahrung die Welt gar in einen Prozess eingetreten, in dem der Geist stärker wird und die Materie schwächer? Sind die Katastrophen das Rückzugsgefecht eines Kosmos, den Masse und Materie dominieren? Wandelt sich Materie in Energie und fester Besitz in Beziehungen? Selbst in der harten Wirtschaft sind die verborgenen Vorboten der Umwandlung erkennbar. Innovation wird wichtiger als Investition. Informatik kommt mit weniger Material aus als beispielsweise die Stahlproduktion.

Die schweißtreibende Handarbeit wird von der Geistesarbeit des Kopfes beerbt. Der Architekturkritiker und Technikphilosoph Lewis Mumford prognostizierte schon vor mehr als vierzig Jahren das Ende vom *Mythos der Maschine*: »Entmaterialisierung und Vergeistigung sind Chiffren einer Futurologie vom Niedergang des Materialismus.«

Pierre Teilhard de Chardin hat die Vision der Vergeistigung nicht als pure Intellektualisierung verstanden, sondern als evolutionären »Sinn der Fülle« beschrieben, in dem die unwiderstehliche Sehnsucht der Menschen nach einer Befreiung von der Schwere der Erdenbindung zum Ausdruck kommt.

Das Weltbild der modernen Physik kommt dem entgegen. Es entfernt sich immer mehr von der Vorstellung, dass die Materie die Bausteine des Kosmos liefert. Die Geschichte der Physik ist eine Lehre von der Entmaterialisierung des Seins.

Auch das Atom ist nicht das letzte Unteilbare. Wie überhaupt man sich nicht durch ständiges Teilen dem Urgrund nähert.

»Am Ende allen Zerteilens der Materie bleibt etwas, das mehr dem Geistigen ähnelt – ganzheitliche, offene lebendige Potenzialität, die Kann-Möglichkeit einer Realisierung. Materie ist die Schlacke des Geistigen – zerlegbar, abgrenzbar, determinierte Realität«, schreibt der Physiker Hans-Peter Dürr.

So betrachtet sind Materialisten und Gewalttäter die Fußkranken der Evolution, die hinter der Entwicklung herhinken.

Statische Substanzen verlieren gegenüber dynamischen Relationen an Bedeutung. Wenn das gar ein komisches Entwicklungsprinzip wäre, dann bekäme sogar der Tod einen neuen Sinn.

Ausblick

Mein Pamphlet ist keine Ankündigung des Weltuntergangs. Es ist ein Aufschrei, der nicht echolos in der Dunkelheit des leeren Raumes verhallen soll.

Der Aufschrei ist ein Aufruf zum Aufstand gegen Resignation. Ich gebe es zu: Es ist ein wildes Buch, das ich geschrieben habe, kein wissenschaftliches Exposé. Es enthält auch kein ausformuliertes politisches Programm. Es sammelt nur auf, was mir an Hoffnung und Resignation, an Zuversicht und Sorge in die Quere kam.

Ich schreibe mit verzweifelter Zuversicht, dass wir es schaffen, dem Chaos zu entgehen.

»Selbsterkenntnis ist bekanntlich der erste Weg zur Besserung«, sagt man. Und: »Jede Reise beginnt mit dem ersten Schritt.«

Es geht weder um die Selbstbespiegelung schöner Seelen noch um die folgenlose Beschreibung der vorhandenen Zustände, sondern um eine bessere Welt: ohne Elend, Krieg und Vertreibung.

Mit Karl Marx und seiner berühmten 11. These über Feuerbach behaupte ich: »Die Philosophen haben die Welt nur verschieden interpretiert. Es kömmt darauf an, sie zu verändern.«

Recht hat er!

Zum ersten Mal in der Geschichte haben wir die Chance, eine Weltöffentlichkeit zu mobilisieren. Die moderne Kommunikation gibt uns dazu die Mittel. Öffentliche Meinung ist eine Weltmacht. Die gab es so in der bisherigen Geschichte noch nie.

Wenn die Idee »öffentliche Meinung« würde, dass alle Menschen das Recht haben,

- satt zu werden: kein Hunger;
- nicht gequält zu werden: keine Folter;
- zu lernen, die Welt zu verstehen: Bildung;
- ihre eigene Meinung zu haben und sie zu sagen: Denk- und Meinungsfreiheit;
- miteinander friedlich zu leben: kein Krieg.

Dann, ja dann begänne ein Goldenes Zeitalter. Warum soll das nicht ebenso möglich sein, wie der Flug zum Mars, der irgendwann einmal gelingen wird?

Wenn dem Aufschrei ein Aufbegehren des guten Willens folgt: Dann ist kein Kraut mehr gewachsen gegen die Idee von der Würde des Menschen, und die Geldmacht hat abgewirtschaftet.

Der Abschied von der Geldgier

Schon John Maynard Keynes, der große Gegenspieler der Neoliberalen, hielt die Geldgier für eine vorübergehende Krankheit. Seinen Enkeln schrieb er 1930 einen Brief mit der Verheißung, es werde eine Zeit kommen, in der die Menschen sich »auf die Gewissheit der Religion und der klassischen Tugendlehre besinnen. Dass nämlich Hunger ein Laster ist, Wucher ein Vergehen und Geldliebe verachtenswert ist.« Und er schwärmt seinen Enkeln vor: »Wir werden die Zwecke wertschätzen und nicht die Mittel und das Gute dem Nützlichen vorziehen. Wir werden diejenigen hochschätzen, die den Tag und die Stunde tugendhaft und gut nutzen, jene wunderbaren Menschen, die wie die Lilien auf dem Felde sich weder plagen noch mühen, sondern die Dinge um ihrer selbst willen genießen können.«

Warum sollte nicht wahr werden, wovon wir alle in unseren besten Stunden träumen? Wir bedürfen dazu nicht der Geschenke von Milliardären wie Bill Gates, Warren Buffett und anderer Wohltäter, die ihr schlechtes Gewissen beruhigen wollen und mit ihren Geldgeschenken uns empfänglich machen wollen für eine Welt, in der sie ihre Milliarden verdient haben. Wir wollen selbst bestimmen, was für uns gut ist. Wir brauchen dazu keinen Vormund, auch keinen reichen.

Unser Traum ist die Vorstellung von einem Glück, das jeder nach seiner Façon bestimmt, aber niemand auf Kosten eines anderen. Mit der Achtung der anderen beginnt das Glück, selbst sein zu wollen.

Viele technische Fantasien wurden entgegen alle Wahrscheinlichkeiten wahr. Menschen heben sich mit Flugzeugen in die Luft, Menschen fliegen mit Raketen zum Mond. Menschen reden in Echtzeit mit weit entfernten Partnern. Alles undenkbar vor Zeiten. Damals: »Spinnerei«. Heute: »Realität«.

Warum soll politischen Utopien nicht auch beschieden sein, was den technologischen gewährt wurde, nämlich Realität zu werden?

Wo ein Wille, da ein Weg. Der Glaube kann Berge versetzen.

Ein altes afrikanisches Sprichwort gibt auf die Frage, wann die beste Zeit sei, einen Baum zu pflanzen, die Antwort:

Vor zwanzig Jahren.

»Und die zweitbeste Zeit?«

»Jetzt!«

Deshalb!

Zu guter Letzt: Wir sind noch zu retten!

»Interview mit Jean-Claude Juncker, dem Präsidenten der Europäischen Kommission«

N. B.: Brauchen wir »mehr« oder »weniger« Europa oder gar beides? Genauer: Was soll auf der europäischen Ebene statt auf der nationalen geregelt werden? Was soll auf der nationalen Ebene statt auf der europäischen geregelt werden?

J. C. J.: Wir brauchen mehr Europa überall da, wo wir gemeinsam mehr erreichen können als jeder Mitgliedstaat für sich alleine. Das heißt aber nicht, dass die Europäische Union sich um alles kümmern muss oder sollte. Es kann nicht Aufgabe der Kommission sein, sich um jede Toilettenspülung, jedes Ölkännchen und jeden Duschkopf zu sorgen. Für mich zählt vielmehr das Prinzip der Subsidiarität: Genauso wie sich auch der Bundestag nicht mit jedem Kindergarten beschäftigt, sondern das den Gemeinden überlässt, sollten auch wir die Probleme auf der Ebene lösen, die es am besten vermag. Oft können Mitgliedstaaten, Regionen und Kommunen viel wirksamer und bürgernäher handeln als Europa, während es besser ist, wenn sich die Europäische Union auf die großen, kontinentalen Aufgaben konzentriert, wie etwa darauf, mit einer gemeinsamen, grenzüberschreitenden Investitionsoffensive 315 Milliarden Euro für Wachstum und Beschäftigung freizusetzen oder außenpolitisch mit einer Stimme zu sprechen.

Wir brauchen also eine Europäische Union, die in großen Fragen ihre Größe und Ehrgeiz beweist und sich in kleinen Fragen durch Zurückhaltung und Bescheidenheit auszeichnet.

N. B.: Ist die Europäische Union ein Staatenbund oder ein Bundesstaat, oder was ist sie?

J. C. J.: Sie ist, was sie ist – das hat schon immer den Charme Europas ausgemacht. Seit wir beiden in der europäischen Politik aktiv sind, hat sich die EG und später die EU nicht in herkömmliche Kategorien wie Staatenbund oder Bundesstaat einordnen lassen. Sie ist keines davon, wenngleich doch etwas von beidem, was das Bundesverfassungsgericht klugerweise als »Staatenverbund« bezeichnet hat. Letztlich – da dürfen wir uns nichts vormachen – ist die Europäische Union so stark, wie die Mitgliedstaaten sie machen. Und ich hoffe, dass diese dabei zunehmend – auch im eigenen Interesse – berücksichtigen, dass wir vor einigen Herausforderungen stehen, die so groß sind, dass wir sie nur gemeinsam lösen können.

N. B.: Kommissionspräsident oder Ratspräsident, wen ruft der Präsident der Vereinigten Staaten an, wenn er »Europa« sprechen will?

J. C. J.: Anders als zu Kissingers Zeiten ist es heute viel einfacher für den Präsidenten der Vereinigten Staaten, wenn er mit Europa sprechen will: Ein Anruf in Brüssel genügt – und er kann sich sogar aussuchen, ob ihm eher danach ist, mit dem Ratspräsidenten oder mit mir zu reden, auch eine Videokonferenz mit uns beiden ist technologisch möglich. In jedem Fall erreicht er mit einem einzigen Gespräch jemanden, der für Europa in seiner Gesamtheit sprechen kann und sich auch mit den anderen Europäern eng koordiniert. Der Ratspräsident und der Kommissionspräsident stimmen sich in jedem Fall eng ab, sodass es für Europa keinen Unterschied machen sollte, wen der Präsident der Vereinigten Staaten am Hörer hat.

N. B.: Ist die Kompetenzverteilung in Europa transparent? Oder anders gefragt: Wie überwinden wir Kompetenzwirrwarr?

J. C. J.: Aus jahrelanger politischer Erfahrung wissen wir beide ja, dass manches, was in der politischen Diskussion nach Wirrwarr klingen mag, sich sofort in Wohlgefallen auflöst, wenn man erst mal einen genauen Blick in den Gesetzestext wirft. Im Falle Europas sind die Kompetenzen ganz eindeutig in den Verträgen niedergeschrieben. Sprachlich ist das vielleicht nicht immer die reizvollste Lektüre, doch es beruhigt ungemein zu wissen, dass die Worte, die das Austarieren der Politik von 28 Ländern regeln, mitunter klarer sind als so manche nationale Gesetzgebung.

N. B.: Gilt für die Europäische Union das Rosinenpicker-Prinzip, nach dem jede Nation ihre Vorteile sucht? Oder gilt doch das Solidaritätsprinzip: einer für alle und alle für einen?

J. C. J.: Schon eine Weile beschäftigen wir beiden uns mit europäischer Politik, wir brauchen uns also nichts vorzumachen: Schon immer haben die einzelnen Mitgliedstaaten in der Gemeinschaft mit den anderen Europäern ihren eigenen Vorteil gesucht und im eigenen Interesse gehandelt. Das ist weder neu noch als solches bedenklich. Denn das besondere an der Europäischen Union ist es ja, dass die Staats- und Regierungschefs bei ihren Treffen immer wieder in dem Verständnis handeln und zu dem Schluss kommen, dass es zum Wohle ihrer Bürger und letztlich aller ist, Kompromisse zu schmieden. In Europa bekommt so mal der eine, mal der andere, aber am Ende jeder etwas von den Rosinen ab.

Dieser Ausgleich der nationalen Interessen klappt normalerweise erstaunlich gut dafür, dass 28 Vertreter von Mitgliedstaaten an einem Tisch sitzen. Für meinen Geschmack brauchen wir allerdings tatsächlich mehr Solidarität. Denn bei allem Verständnis dafür, dass die Staats- und Regierungschefs immer auch ihre Wählerschaft im Hinterkopf haben, stehen wir doch vor Aufgaben, die so groß sind, dass kein Land sie alleine lösen kann. Wir müssen füreinander einstehen, das hat sich bewährt. Schon damals, nach dem Krieg, war Europa der Weg, Deutschland wieder in die Gemeinschaft – politisch wie wirtschaftlich – aufzunehmen.

Jeder Mitgliedstaat ist früher oder später auf Solidarität angewiesen: Sei es Griechenland in der Eurokrise, Frankreich nach dem Terror oder Deutschland in der Flüchtlingsfrage. Solidarität – die Kraft des Gemeinsamen –, die nicht nur im Verhältnis der Staaten untereinander, sondern auch innerhalb der Gesellschaften wirken muss, ist das, was Europa stark gemacht hat. Darum beneiden uns viele Menschen in der Welt – und ich würde mir wünschen, dass sich die Staats- und Regierungschefs auch öfter daran erinnern.

N. B.: Gibt es eine plausible europäische Flüchtlingspolitik?

J. C. J.: Eine plausible Flüchtlingspolitik kann nur eine europäische Flüchtlingspolitik sein. Denn angesichts der vielen Hunderttausend Frauen, Männer und Kinder, die hier Zuflucht suchen, müssen die europäischen Länder einander helfen, kein Land kann das alleine schaffen.

Die Kommission hat deshalb schon im Mai ein umfassendes Konzept vorgelegt: Wir haben nicht nur Sofortmaßnahmen ergriffen, um die Menschen vor dem Tod auf dem Mittelmeer zu bewahren, sondern unser Paket enthielt bereits mittel- und langfristige Antworten. So haben wir zu einem Zeitpunkt, als einige Mitgliedstaaten dies noch als Übereifer bezeichneten, die Konzepte für Hotspots, eine europäische Umverteilung und eine Umsiedlung vorgelegt. All dem haben die Mitgliedstaaten –unter dem Druck der Realität – zugestimmt, allerdings lassen sich einige Länder zu viel Zeit bei der Umsetzung – Zeit, die wir nicht haben.

Wir, die Kommission, werden alles tun, dass den Worten Taten folgen. Ein Beispiel dafür sind die wöchentlichen Telefonkonferenzen mit den Ländern entlang der Westbalkan-Route, in denen es um die Koordinierung ganz konkreter Hilfen wie Heizungen oder Decken geht. Wir unterstützen auch Griechenland und Italien bei der Registrierung und Unterbringung der Flüchtlinge.

Wenn ich sage, dass wir alles daran setzen, gemeinsame Verantwortung auch gemeinsam wahrzunehmen, dann meine ich damit auch unsere gemeinsamen Außengrenzen. Um Schengen – und damit den Binnenmarkt und noch viel mehr, was Europa ausmacht – zu beschützen, brauchen wir einen gemeinsamen europäischen Grenz- und Küstenschutz. Doch ich glaube, dass wir uns auch darüber hinaus den politischen Realitäten stellen müssen. Zu einem umfassenden Ansatz gehört, dass wir bald Vorschläge vorlegen werden, um das Dublin-System zu überholen und eine gemeinsame europäische Politik für legale Einwanderung zu gestalten.

Jeder, der glaubt, dass es nationale oder schnelle Lösungen gibt, ist naiv oder betreibt bewusste Augenwischerei. Nur gemeinsam werden wir eine Flüchtlings- und Einwanderungspolitik gestalten, die der Realität auch langfristig standhält.

N. B.: Welchen Beitrag leistet Europa zur Bekämpfung der Fluchtursachen?

J. C. J.: Wir wissen, dass wir die Ursachen der Flucht anpacken müssen. Das beinhaltet nicht nur den Aktionsplan mit der Türkei und diplomatische Bemühungen, um eine Lösung des Syrien-Konflikts zu erwirken, was sicher kein einfaches Unterfangen sein wird. Es heißt auch, dass wir eng mit unseren anderen Partnern zusammenarbeiten müssen. Dass wir beispielsweise nach dem EU-Afrika-Gipfel im vergangenen September in Rekordzeit einen Nothilfe-Treuhandfonds in Höhe von 1,8 Milliarden Euro eingerichtet haben, zeigt unsere Entschlossenheit. Und wir haben es auch hier nicht bei Absichtserklärungen belassen: Im Januar haben wir bereits erste konkrete Projekte in Höhe von mehr als hundert Millionen Euro angenommen, die Arbeitsplätze vor allem für junge Menschen und Frauen schaffen, die am stärksten gefährdeten Bevölkerungsgruppen besonders schützen, Migration besser steuern und Sicherheit fördern. Das ist erst der Anfang, aber immerhin ein sehr konkreter Anfang, auf den wir aufbauen können.

N. B.: Regiert Geld die Welt? Staaten retten Banken! Banken verdienen an ihrer staatlichen Rettung, indem sie die Staatsanleihen verkaufen, mit deren Geld sie gerettet werden. Die Feuerwehr bezahlt den Brandstifter. Der Helfer wird zum Hilfsbedürftigen bei denen, denen er geholfen hat.

J. C. J.: Um genau diesen Teufelskreis zu verhindern, haben wir ganz konkrete Konsequenzen aus der Krise gezogen: Wichtige Bausteine, die wir bereits gesetzt haben, sind die Europäische Bankenaufsicht und der Abwicklungsmechanismus. Meine Kommission hat im vergangenen Herbst außerdem Vorschläge vorgelegt, um einen weiteren zentralen Baustein hinzuzufügen: ein europäisches Einlagensicherungssystem. Für mich ist es eine Frage der Fairness, dass Bürger nicht um ihre Rücklagen bangen oder Steuerzahler einspringen müssen, wenn Banken in Schieflage geraten. Deshalb ist es – ungeachtet aller anderen dringlichen Krisen – eine unsere Prioritäten, nicht nur die Bankenunion, sondern die Wirtschafts- und Währungsunion als Ganzes im Sinne der Steuerzahler zu vollenden.

N. B.: Wann kommt eine Finanztransaktionssteuer?

J. C. J.: Ich hoffe, so schnell wie möglich. Die Kommission tut jedenfalls das Ihrige dazu, dass die Mitgliedstaaten, die den Vorzug dieser Steuer erkannt haben, diese auch umsetzen können. Wenn sie eingeführt ist, werden die Erfolge dieser verstärkten Zusammenarbeit sicherlich ansteckend sein.

N. B.: Brauchen wir eine identitätsstiftende europäische Verfassung?

J. C. J.: Die Diskussion um eine europäische Verfassung ist so alt wie Europa. Ich habe mich während der letzten großen Debatte vor mehr als zehn Jahren sehr dafür eingesetzt und vor dem Referendum in Luxemburg sogar meine Zukunft als Premierminister von einem positiven Ausgang abhängig gemacht. Allerdings glaube ich, dass Identität nicht alleine durch eine Verfassung gestiftet wird. Die Herzen der Menschen kann Europa nicht allein durch Worte oder Gesetzestexte gewinnen, es muss sie als Gesamtkonzept überzeugen. In unserer Generation war das oft noch mit der Einsicht verbunden, dass die europäische Einigung ein einmaliges Friedenspfand ist. Für viele junge Menschen der Generation »Erasmus« ist das allzu selbstverständlich geworden, sie sind mit offenen Grenzen und offenen europäischen Herzen aufgewachsen. Unsere Aufgabe ist es, dies nicht nur zu bewahren, sondern so weiterzuentwickeln, sodass die Menschen fühlen, dass Europa ihnen teuer ist, dass es ihre Sicherheit und Freiheit bedeutet und mehr Geld in der Tasche obendrein.

Das spürbar zu machen, ist daher aus meiner Sicht im Moment mindestens genauso wichtig wie eine neue Debatte über eine europäische Verfassung, wenn nicht sogar wichtiger.

N. B.: Die nationale Souveränität gilt in der Europäischen Gemeinschaft nur relativ. Deshalb gilt das Prinzip der Nichteinmischung auch nur relativ. Müssen deshalb nicht die Nationen ertragen, von anderen kritisiert zu werden? Konkret: Dürfen Deutsche Polen kritisieren und Polen Deutsche?

J. C. J.: Die Europäische Union ist eine Wertegemeinschaft – nicht nur auf dem Papier. Als Hüterin der Verträge muss die Kommission daher darauf achten, dass Kernprinzipien, wie die Rechtsstaatlichkeit, eingehalten werden. Und natürlich sprechen die Mitgliedstaaten auch an, was bei ihren Nachbarn geschieht: Denn eine Europäische Union kann nur dann als Raum der Freiheit, der Sicherheit und des Rechts funktionieren, wenn Bürger, Unternehmer und nationale

Behörden auch Vertrauen in die Rechtsordnung der anderen Mitgliedstaaten haben können.

Dass das manchmal zu Diskussionen führt, ist normal, weil die Europäische Union eben kein Klub eitlen Sonnenscheins ist: Grundsätzlich aber ist Meinungsstreit kein Hindernis in einer Demokratie, sondern ein Lebenselixier, wenn er von dem europäischen Grundgedanken getragen ist, dass der Austausch in Kompromissen mündet. Und so sehr ich mich über die eine oder andere ausfällige Aussage ärgere, bei denen Mitgliedstaaten gegeneinander ausgespielt werden, so sehr bin ich davon überzeugt, dass alle Mitgliedstaaten sich im Grunde dieser Basis bewusst sind. Insofern verstehe ich einen konstruktiv-kritischen Diskurs als wichtige Triebfeder, die dazu beiträgt, dass Europa als Ganzes und jeder seiner Mitgliedstaaten sich weiterentwickeln.

N. B.: Wie sieht die Europäische Union in zehn Jahren aus?

J. C. J.: Wenn ich es mir ausmalen dürfte, dann wäre die Europäische Union attraktiver und prosperierender denn je, weil wir Europäer es geschafft haben, das Potential des Binnenmarktes auszuschöpfen, eine gemeinsame Migrationspolitik zu gestalten und außenpolitisch mit einer Stimme zu sprechen. Unser Konzept der sozialen Marktwirtschaft wäre ebenso wie unsere innovativen, klimafreundlichen Produkte ein Exportschlager – und für mich wäre es natürlich eine besondere Freude, auch in Großbritannien mit dem Euro zu zahlen.

Im Ernst: Ich mache mir natürlich keine Illusionen, lieber Norbert. Doch selbst wenn die Nationalstaaten manchmal – mit Blick auf ihre Wähler – die Augen vor den Veränderungen der Welt verschließen wollen, ist es unsere Aufgabe in

Brüssel, realistisch in die Zukunft zu denken. Ich bin fest davon überzeugt, dass Europa in zehn Jahren vielleicht nicht perfekt ist, aber doch die beste Antwort, die wir Europäer auf eine globalisierte Welt haben, wenn wir wollen, dass Europa seine Bedeutung bewahrt – und damit meine ich nicht nur die demographische Entwicklung, sondern auch Investitionen, Innovationen und Esprit. Ich wünsche mir, dass Europa in zehn Jahren mit einer Stimme spricht, wenn es um die großen Themen geht.